职业教育心理健康课程规划教材

王桂玲 矫杰 / 主编
张鑫 / 审

塑造更好的自己

SUZAO
GENGHAO DE
ZIJI

全国百佳图书出版单位

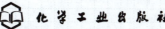

化学工业出版社

·北京·

内容提要

《塑造更好的自己》通过心理篇、成长篇、生命篇、职业篇,以认识自我、战胜挫折、珍爱生命、规划职业等十八个项目,对学生的心理和行为进行了详细指导,内容安排遵从技工院校学生的认识规律。本书精选具有代表性的案例,在对案例展开分析与讨论的过程中,有机融入相关的心理学知识,并辅以学生感兴趣的团队活动,丰富了教学形式。本书既是教材,又是学生心灵成长的记录册,让学生"在成长中学习,在学习中成长"。

《塑造更好的自己》既是心理健康老师与班主任的好帮手,更是学生心灵成长的好朋友。

图书在版编目(CIP)数据

塑造更好的自己/王桂玲,矫杰主编. —北京:化学工业出版社,2020.10
职业教育心理健康课程规划教材
ISBN 978-7-122-37581-0

Ⅰ.①塑… Ⅱ.①王… ②矫… Ⅲ.①心理健康-健康教育-技工学校-教材 Ⅳ.①G444

中国版本图书馆 CIP 数据核字(2020)第 155759 号

责任编辑:姚晓敏 胡全胜
责任校对:王素芹　　　　　　　　　　装帧设计:史利平

出版发行:化学工业出版社(北京市东城区青年湖南街13号 邮政编码100011)
印　　装:北京瑞禾彩色印刷有限公司
710mm×1000mm 1/16 印张8½ 字数129千字 2020年11月北京第1版第1次印刷

购书咨询:010-64518888　　　售后服务:010-64518899
网　　址:http://www.cip.com.cn
凡购买本书,如有缺损质量问题,本社销售中心负责调换。

定　　价:35.00元　　　　　　　　　　　　　　　　　版权所有　违者必究

《塑造更好的自己》编写人员名单

主　编　王桂玲　矫　杰

副主编　刘兴旺　施真菊

编写人员（按姓名汉语拼音排序）
　　　　矫　杰　临沂市技师学院
　　　　刘兴旺　山东交通技师学院
　　　　彭　聪　临沂市技师学院
　　　　施真菊　中国劳动社会保障出版社
　　　　史舜舜　山东省临沂卫生学校
　　　　王桂玲　临沂市技师学院
　　　　王立丽　临沂市技师学院

审　稿　张　鑫　临沂市技师学院

  《中共中央关于进一步加强和改进学校德育工作的若干意见》明确指出：心理健康教育的目标是使学生不断正确认识自我，增强调控自我、承受挫折、适应环境的能力，培养学生健全的人格和良好的个性心理品质。

  近年来，政府、社会各界对学生心理问题十分重视，院校心理健康教育也在逐步推进。心理健康教育课程有其自身的特点，学生也有其自身的特点，课程既不能采用过去单纯的授课制，也不能把带着学生做个游戏就当成心理健康教育。因此，我们一直在不断探索和尝试，希望通过新思路、新方法，寻找一个适合学生心理发展的心理健康教育模式。

  参加编写的几位老师具有丰富的心理健康教育教学经验和学生管理工作经验，多年下来，积累了大量针对学生的心理辅导案例。书中选取一些典型案例，结合相关的心理学理论进行分析，给予学生心灵成长的建议。结合教学内容，书中特别设计了团队活动环节，借助学生感兴趣的游戏，帮助学生更好地理解和领悟心理学的理论，使教学形式更加丰富多样。《塑造更好的自己》不仅为院校开展学生心理健康教学提供一种崭新的思路，同时书中设计的教学模式和教学方法，也具有较强的指导性和可操作性。

  《塑造更好的自己》遵从了技工院校学生的认识规律。它是一本教材，更是一本学生心灵成长的记录册，形式新颖，让学生"在成长中学习，在学习中成长"。这本书不失为心理健康老师的好帮手，更是学生心灵成长的好朋友。

相信《塑造更好的自己》会在今后的教育实践中不断完善，为高素质人才的培养做出积极而重要的贡献。

2020年6月

前言

《塑造更好的自己》是一本以记录学生心灵成长为主线的心理健康指导教材，全书分为心理篇、成长篇、生命篇、职业篇等四个篇章，通过认识自我、战胜挫折、珍爱生命、规划职业等十八个项目，对学生的心理和行为进行详细的指导。

本书在编写的过程中，尽量避免直接引用理论和概念，而是从发生在学生身边的案例入手，教会学生如何发现问题、找出问题，并进一步纠正问题，从而引导学生树立正确的人生观和价值观。为了更好体现实践式教学特点，书中增加了学生感兴趣的团队活动环节，既丰富了教学形式，又让生涩的理论能通俗易懂，易于学生接受。

在课程设计上，考虑到学生心灵成长的特点，考虑到学生的学习是一个学习、领悟、沉淀的过程，因此，建议该课程安排在第一学年和第二学年完成，每两周一次课（2学时/次）。这样既给学生留出了充分的成长时间，也和本书设计的学生不同阶段的心灵成长历程相对应。

为了方便学生及时记录自己的点滴成长，我们特别在每个项目或是每个问题的后面留出记录学生心灵感悟的笔记空间，希望它能成为学生心灵成长的记录册，成为陪伴在学生身边的"良师益友"。

本书由临沂市技师学院组织编写，从构思、案例搜集到书稿撰写历时两年。本书由王桂玲、矫杰任主编，刘兴旺、施真菊任副主编，史舜舜、王立丽、彭聪等参与编写。临沂市技师学院张鑫院长审稿，并为本书作序。

虽然我们在编写中力求精益求精，但由于水平和能力所限，书稿中难免有缺憾和不足之处，敬请广大读者朋友批评指正。

编　者

2020年6月

项目一 心理健康，与你相伴
一、认识心理健康 //2
二、心理健康的判断标准 //2

项目二 心理状态的诊断
一、心理状态的分类 //6
二、正常心理与不正常心理的
　　区分原则 //7
三、一般心理问题与严重心理问题的
　　诊断 //7

项目三 拥有健康的心理
一、认识自我，悦纳自我 //11
二、驾驭情绪 //11

三、适应环境 //11
四、做最好的自己 //11
五、保持顽强的意志力和乐观的
　　心态 //11
六、具有良好的人际交往能力 //12

项目四 心理健康状况测评
一、认识症状自评量表 //14
二、症状自评量表评分细则 //17

**项目五 认识心理咨询，
　　　　　走进心理咨询**
一、常见的心理咨询方式 //24
二、心理咨询的基本原则 //25

项目一 学会适应新生活
一、新生适应不良的原因 //30
二、新生适应不良的行为表现 //30
三、适应新生活的技巧 //30

项目二 做情绪的主人
一、认识情绪 //37
二、合理情绪疗法的ABC理论 //37
三、掌控自己的情绪 //38

四、焦虑等级评估 //40
五、抑郁等级评估 //41

项目三 积极应对压力，提高适应能力

一、认识压力 //46
二、在校学生压力产生的
　　主要原因 //47
三、压力的管理与调适 //48
四、学会放松 //50
五、团体活动——分享战胜压力的
　　方法 //51

项目四 自尊自爱，自信自强

一、认识自尊 //53
二、自尊心的积极和消极表现 //54
三、自尊心的保护 //55
四、团体活动——保护我们的
　　自尊心 //56
五、杜绝网络成瘾 //59

项目五 激发学习动机，享受学习乐趣

一、认识"学习" //64
二、激发学习动机 //64
三、团体活动——读书会 //65

生命篇

项目一 珍爱生命，敬畏生命

一、认识生命 //72
二、尊重生命 //72
三、敬畏生命 //73
四、团体活动——感悟生命
　　的宝贵 //73

项目二 尊重生命，感悟生命

一、认识生命价值 //79
二、生命价值的超越表现 //79
三、团体活动——感悟生命的
　　意义 //80

项目三 战胜挫折，创造美好人生

一、认识挫折 //82
二、学会归因 //83
三、战胜挫折 //83

项目四 学会感恩，感受生活的美好

一、认识感恩 //86
二、懂得感恩 //87
三、学会感恩 //87
四、团体活动——感恩与爱
　　同行 //88

职业篇

项目一 规划职业，精彩人生

一、认识人生规划 //93

二、认识职业规划 //93

三、制定职业规划 //93

四、团体活动——用SWOT分析法
规划职业 //96

项目二 树立正确的职业价值观，培养良好职业意识

一、认识职业价值观 //101

二、树立正确的职业价值观 //101

三、认识职业意识 //102

四、培养良好的职业意识 //102

项目三 求职不良心理的自我调适

一、求职不良心理及成因 //106

二、求职不良心理的调适 //108

三、团体活动——模拟招聘 //108

项目四 MBTI职业性格测试，指导职业选择

一、认识MBTI职业性格
测试量表 //112

二、MBTI十六种职业性格
类型 //113

三、不同性格类型的
优势空间 //114

四、性格类型与职业匹配 //115

五、MBTI-M职业性格测试 //116

参考文献 //123

心理篇

新的校园，新的老师，新的同学，
一切都是新的面貌。
夏日的阳光还是那样的灼热，
你又欢喜又有些彷徨。
欢喜的是你可以开拓一片新天地，
彷徨的是新的环境又让你有点忐忑不安。
心灵成长从开学的第一天开始，
心理健康为你保驾护航。

项目一　心理健康，与你相伴

一、认识心理健康

心理健康是衡量一个人是否健康的重要标志之一。因为健康不仅是指身体没有疾病，还需要具备健康的心理和良好的社会适应能力。世界卫生组织对心理健康的定义是：个体和人群以及生活环境之间保持良好的协调和均衡，能正确对待自己，正确对待他人，正确对待社会，即为心理健康。

心理学认为，心理健康就是指人的心理，即知、情、意活动的内在关系和谐、协调，心理活动的内容和形式与客观世界保持相对统一，并能促使人体内、外环境平衡和促使个体与社会环境相适应的状态，由此不断地发展健全的人格，提高生活质量，保持旺盛的精力和愉快的情绪。

世界卫生组织指出，一个人的健康和寿命有15%取决于遗传，10%取决于社会因素，8%取决于医疗条件，7%取决于气候，60%取决于自己。在60%的个人因素中，不良的心态和情绪是造成疾病的主要原因。要拥有健康心理，就要有阳光的心态。

二、心理健康的判断标准

心理学研究认为，大学生的心理健康应该包括以下八个方面。

1. 智能良好

智能是人对客观事物的认识能力，以及运用知识、经验、技能解决问题能力的综合。智能良好体现在两个精神和四种能力上，即科学精神、人文精神，以及发现问题的能力、认识问题的能力、分析问题的能力与解决问题的能力。

2. 情绪健康

一般来讲，需要得到满足时会产生积极情绪，得不到满足时就会产生消极情绪。生活中一些重要的事件会引起我们情绪的波动，这些都是非常正常的，适当合理的情绪反应是情绪健康的表现。

3. 良好的意志品质

意志是为达到既定目标，主动战胜困难、克服挫折的能力。良好的意志具备以下三个特点：一是确定的目标要具有合理性；二是具备自觉性、坚韧性、果断性和自制力。三是要学会调整自己的期望值和心态。

4. 人际关系和谐

人际关系是人与人之间心理上的关系和距离。人际关系以情感作为联系的纽带，不同的人际关系引起的情感体验也会不同，亲密关系通常引起愉快的体验，会令人心情舒畅。在和谐的人际关系中，每个人都能感觉自己对他人的价值和他人对自己的意义，这对于心理健康是非常重要的。

5. 良好的适应性

当所处的地理或社会环境发生变化时，你的观念和处理问题的方式也要随之改变，以此适应新的环境。如果你无法适应，就只有两种选择：要么改变这个环境；要么只能被动接受社会的改造。

6. 完整和健康的人格

完整和健康的人格体现在三个方面：一是构成要素要完整，也就是气质、能力、性格和理想、信念、人生观等各方面均衡发展，具有相对稳定性，不能有缺陷；二是人格的同一性不能混乱，生理上的"我"和心理上的"我"必须是一个人，不能分离；三是要有一个积极进取的人生观，并且以积极进取的人生观为人格的核心，把自己的需要、目标和行动统一起来。

7. 心理和行为符合年龄特征

一个心理健康的人，其心理特点与所属年龄阶段的心理特征是大致相符的。儿童天真活泼，青年人朝气蓬勃，老年人沉稳豁达，符合他们各自年龄阶段的心理特点。一个人的心理特点严重地偏离自己所属年龄的心理特征，往往是心理不健康的表现。

8. 正确的自我评价

正确的自我评价是大学生心理健康的重要条件。能够做到恰如其分地认识自己，摆正自己的位置，既不以自己在某些方面强于别人而自傲，也不以某些方面弱于别人而自惭形秽。能够自我悦纳，接受并不完美的自己，正视现实，积极进取。

对照世界卫生组织判断心理健康的标准，想一想，你觉得你的心理在哪些地方还不够健康？现在你也许并不知道问题出在哪里，没有关系，只需要写下那件事，或是那个想法就好。

这是你第一次写出你的小秘密呢，要不要认真思考一下，先列个提纲，然后再记录下来呢！

项目二　心理状态的诊断

在日常生活中，同学们一定碰到过"心情不佳，食之无味"的时候，说明人的心理状态对身体内部功能有着很大的影响。随着社会的发展，人们越来越关注身心健康。新的健康观认为，健康应该包括"躯体健康、心理健康、社会适应良好、道德健康"四个方面。了解心理健康知识，掌握调节心理状态的技巧，就成为我们的必修课。

一、心理状态的分类

首先将心理状态分为正常心理和不正常心理，这一层的区分点是心理是否有疾病，不正常心理就是心理出现病态，需要由心理医生进行确诊并配合进行心理治疗。正常心理又分为健康心理和不健康心理，不健康心理可以通过心理咨询得到调节和改善。在学生中出现最多最常见的不健康心理情况，一般分为：一般心理问题、严重心理问题和可疑神经症（神经症性心理问题）。

不正常心理是指已经达到心理障碍的程度，属于神经症、变态心理或精神病学的范畴，需要到医院进行治疗。我们后面主要讨论的是正常心理中的心理问题，这些心理问题可以通过我们自己或求助心理咨询师进行处理。

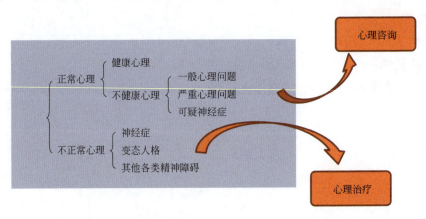

二、正常心理与不正常心理的区分原则

1. 个人的主观世界与客观世界是否统一

简单地说,即自己认为存在的事物是不是客观存在,比如幻听、幻觉、妄想等。正常心理的主观认识与客观实际是相符合的,而不正常心理的主观世界与客观世界是不一致的,这种不一致可以从认知、情感等方面的不一致来进行判断。

2. 人格是否稳定

正常状态下,一个人的人格特征具有稳定性。一个人的人格特征是通过处理问题的方式、人际交往方式等方面表现出来的,因此每个人会形成一贯的反映个人生活、工作风格和人际关系的行为模式。如果出现了人格特征的突然变化或人格特征显著违背社会传统文化的主流价值观,那么心理就可能出现了障碍。比如一个一贯开朗豪放的人,突然变得郁郁寡欢起来,这就是状态异常。

3. 精神活动的内在协调一致性

精神活动虽然分为认知、情感、意志等部分,但是它自身却是一个统一的整体。比如一个人面对痛苦时,会产生愉快的情绪,甚至手舞足蹈;或遇到一件愉快的事情,反而情绪悲伤、意志低沉,这都表现为精神活动内在的不一致,属于异常状态。

三、一般心理问题与严重心理问题的诊断

一般从出现状态的时间、现实刺激的强烈程度、社会功能是否受到损坏、是不是出现泛化等方面,来判定是一般心理问题还是严重心理问题。

1. 一般心理问题

① 出现状态时间一般不超过两个月。

② 有现实刺激存在,但不强烈,在当事人承受能力之内,但会产生一定的影响。

③ 社会功能不受损,能够正常的生活、学习和工作。

④ 没有出现泛化,只是针对遇到的问题存在心结。

2. 严重心理问题

① 出现状态的时间超过两个月没有减轻，总是纠结在其中，但随着时间流逝也会慢慢改善，一般少于六个月。

② 现实刺激足够大，超过了当事人的承受能力。

③ 社会功能受损，出现不能正常工作、生活或学习的状态。

④ 出现泛化的情况，除了现实刺激本身带来的影响之外，与现实刺激无关的事情也会让当事人出现心理上的无法承受。

心理学中，把内心的冲突分为变形和常形，区分方法就是内心冲突是不是与道德有关，是不是与现实有关。与道德和现实有关称为常形，与道德和现实无关称为变形。比如一个孩子总觉得对不起妈妈，如果是因为考试没考好而觉得对不起妈妈，这样的情况属于常形；如果什么原因也没有，就是觉得对不起母亲，每天都有负罪感，这就是变形的心理冲突。

以上一般心理问题与严重心理问题，心理冲突是常形的，如果出现变形的心理冲突，就可能出现神经症性心理问题、神经症或精神障碍，需要到医院进一步诊断。

通过学习，你可能察觉到自己在某个方面出现了心理问题，试着写出来。如果你能把它或是它们写出来，祝贺你，说明你已经开始试着从那个问题中走出来了。

项目三　拥有健康的心理

每个人在成长过程中不可能是一帆风顺的，总会遇到一些挫折与坎坷，而具备健康的心理有助于我们提高抗挫折和战胜挫折的能力。健康的心理可以帮助人们适应艰难的环境，并积极地走出困境，还可以帮助人们快速调整不良情绪，提供源源不断的心理能量；同时，健康的心理也不会让一个人在成功面前变得狂妄自大、目空一切，而是"胜不骄，败不馁"。那么我们如何才能具备健康的心理呢？

克罗克的故事

雷蒙德·克罗克（1902-1984），出生于美国芝加哥的一个普通家庭。

他读完中学准备上大学时，却赶上美国经济大萧条，使他因囊中羞涩而与大学无缘。后来他想在房地产方面有所作为，好不容易生意才打开局面，不料第二次世界大战烽烟四起，房价急转直下，结果"竹篮打水一场空"。就这样，几十年来，低谷、逆境和不幸一直伴随着他，命运无情地捉弄着他。52岁时，他看到牛肉馅饼和炸薯条备受青睐，于是到一家餐馆学做这些东西。对于一个年过半百的学徒来说，其中的艰辛可想而知。后来，这家餐馆转让，克罗克毫不犹豫地借债270万美元将其买下来，并且将餐馆的招牌改为"麦当劳"。

根据麦当劳公司的一项调查统计，全世界的麦当劳餐厅一共有3万余家，分布在全球119个国家，其中美国约有1.3万家。全世界约有150万人在麦当劳工作，每天迎接的顾客高达4800万人次。

他就是麦当劳公司的创始人——"汉堡之父"克罗克。

克罗克的奋斗故事给我们什么样的启示呢？

一、认识自我，悦纳自我

认识自我是一件很困难的事，需要通过学习不断地提高自己的知识水平和认识水平。在认识自我的基础上，能够悦纳自我是一种能力。能够悦纳自我，能够与自我和谐相处是心理健康的前提，否则我们的心理能量将无法全部投入到工作和学习中，生活也会变得一塌糊涂。悦纳自己，才会相信自己，相信自己才有可能取得成功。

二、驾驭情绪

情绪是由我们的信念决定的，每个人的信念不一样，则情绪和行为反应也会不一样。一切不良情绪的背后都跟随一个不合理的信念，因此，我们需要通过控制我们的信念来驾驭我们的情绪和行为（参见"合理情绪疗法的ABC理论"）。

三、适应环境

能否适应外部环境，是判断一个人心理健康与否的重要条件之一。我们要学习如何尽快去适应一个新的环境，学会观察周围的人是如何做到这一点的，不断总结经验，形成自己的适应方法，提高自我的适应能力。

四、做最好的自己

世界上每个人都是独一无二的，每个人都有自己的优势和长处。天生我材必有用，你只需要做到最好的自己，不必和别人去比较。挑战自我，做最好的自己。

五、保持顽强的意志力和乐观的心态

人生不是一帆风顺的，总有许多困难和挫折。"天将降大任于斯人也，必先苦其心志，劳其筋骨，饿其体肤，空乏其身，行拂乱其所为，所以动心忍性，曾益其所不能",可见顽强的意志力在应对挫折中起到很大的作用。同时我们还要具备乐观的心态才能不被困难吓倒,不被困难打倒,学会从挫折中吸取教训,具有跌倒后站起来的勇气和能力,才能取得人生的胜利。

六、具有良好的人际交往能力

人生在世,离不开与人相处,离不开与人合作共事,人际交往就成了我们人生的必修课。良好的人际交往,会让你身心愉悦,帮助你快速地融入社会,同时拥有和谐积极的人际关系也会对你的事业发展大有裨益。

"汉堡之父"克罗克拥有哪些健康的心理?具备哪些成功者的优秀品质?他战胜了哪些困难?请发表一下你的看法。

你已经学习了一些心理健康的知识,你学到了什么,想到了什么,想说点什么,都可以写下来,成长需要点滴的积累。

_____
_____
_____
_____
_____
_____
_____
_____
_____

项目四　心理健康状况测评

为了让大家更准确地了解自己的哪些习惯会影响心理健康，在处理人际关系时哪些地方需要改进，饮食、睡眠等的健康状况是否良好等，我们为大家准备了症状自评量表，大家可以在心理健康老师的指导下进行测试，测试完成后根据要求，将每一项的分值计算出来，并与常模分值作比较。如果你的每一项分值在常模分值以内，祝贺你最近一段时间状态良好；如果某一项的分值很高，提示你在这方面要及时调整；如果自我调整的效果不够好，请及时与心理健康老师或班主任沟通，寻找更好的解决方案。

一、认识症状自评量表

症状自评量表，又名90项症状清单（symptom check list 90，SCL-90），于1975年编制。该量表共有90个项目，包含有较广泛的精神病症状学内容，从感觉、情感、思维、意识、行为到生活习惯、人际关系、饮食、睡眠等均有涉及，并采用10个因子分别反映10个方面的心理症状情况。

以下表格中列出了有些人可能有的症状或问题，请仔细阅读每一条，然后根据该句话与你自己的实际情况相符合的程度（最近一个星期或现在），选择一个适当的数字填写在后面的答案框中。

症状自评量表（SCL-90）

序号	问题	0 从无	1 很轻	2 中等	3 偏重	4 严重
1	头痛					
2	神经过敏，心中不踏实					
3	头脑中有不必要的想法或字句盘旋					
4	头晕或晕倒					
5	对异性的兴趣减退					
6	对旁人责备求全					

续表

序号	问题	0 从无	1 很轻	2 中等	3 偏重	4 严重
7	感到别人能控制你的思想					
8	责怪别人制造麻烦					
9	忘性大					
10	担心自己的衣饰整齐及仪态的端正					
11	容易烦恼和激动					
12	胸痛					
13	害怕空旷的场所或街道					
14	感到自己的精力下降,活动减慢					
15	想结束自己的生命					
16	听到旁人听不到的声音					
17	发抖					
18	感到大多数人都不可信任					
19	胃口不好					
20	容易哭泣					
21	同异性相处时感到害羞不自在					
22	感到受骗,中了圈套或有人想抓住你					
23	无缘无故地突然感到害怕					
24	自己不能控制地大发脾气					
25	怕单独出门					
26	经常责怪自己					
27	腰痛					
28	感到难以完成任务					
29	感到孤独					
30	感到苦闷					
31	过分担忧					
32	对事物不感兴趣					
33	感到害怕					
34	你的感情容易受到伤害					
35	旁人能知道你的私下想法					

续表

序号	问题	0 从无	1 很轻	2 中等	3 偏重	4 严重
36	感到别人不理解你、不同情你					
37	感到人们对你不友好、不喜欢你					
38	做事必须做得很慢以保证做得正确					
39	心跳得很厉害					
40	恶心或胃部不舒服					
41	感到比不上他人					
42	肌肉酸痛					
43	感到有人在监视你、谈论你					
44	难以入睡					
45	做事必须反复检查					
46	难以做出决定					
47	怕乘电车、公共汽车、地铁或火车					
48	呼吸有困难					
49	一阵阵发冷或发热					
50	因为感到害怕而避开某些东西、场合或活动					
51	脑子变空了					
52	身体发麻或刺痛					
53	喉咙有梗塞感					
54	感到前途没有希望					
55	不能集中注意力					
56	感到身体的某一部分软弱无力					
57	感到紧张或容易紧张					
58	感到手或脚发重					
59	想到死亡的事					
60	吃得太多					
61	当别人看着你或谈论你时感到不自在					
62	有一些不属于你自己的想法					
63	有想打人或伤害他人的冲动					
64	醒得太早					

续表

序号	问题	0 从无	1 很轻	2 中等	3 偏重	4 严重
65	必须反复洗手、点数					
66	睡得不稳不深					
67	有想摔坏或破坏东西的想法					
68	有一些别人没有的想法					
69	感到对别人神经过敏					
70	在商店或电影院等人多的地方感到不自在					
71	感到做任何事情都很困难					
72	一阵阵恐惧或惊恐					
73	感到在公共场合吃东西很不舒服					
74	经常与人争论					
75	单独一人时,神经很紧张					
76	别人对你的成绩没有做出恰当的评价					
77	即使和别人在一起也感到孤单					
78	感到坐立不安、心神不定					
79	感到自己没有什么价值					
80	感到熟悉的东西变得陌生或不像是真的					
81	大叫或摔东西					
82	害怕会在公共场合晕倒					
83	感到别人想占你的便宜					
84	为一些有关性的想法而很苦恼					
85	你认为应该因为自己的过错而受到惩罚					
86	感到要很快把事情做完					
87	感到自己的身体有严重问题					
88	从未感到和其他人很亲近					
89	感到自己有罪					
90	感到自己的脑子有毛病					

二、症状自评量表评分细则

（1）我们将90个项目归纳到对应的因子中,请对照你的选择,将不同题号对应的分值加起来，得到每个因子的项目总分。

① 躯体化：1、4、12、27、40、42、48、49、52、53、56、58（共12题）
___+___+___+___+___+___+___+___+___+___+___+___
___+___+___=___

② 强迫症状：3、9、10、28、38、45、46、51、55、65（共10题）
___+___+___+___+___+___+___+___+___+___
=___

③ 人际关系敏感：6、21、34、36、37、41、61、69、73（共9题）
___+___+___+___+___+___+___+___+___=___

④ 抑郁：5、14、15、20、22、26、29、30、31、32、54、71、79（共13题）
___+___+___+___+___+___+___+___+___+___
+___+___+___=___

⑤ 焦虑：2、17、23、33、39、57、72、78、80、86（共10题）
___+___+___+___+___+___+___+___+___+___
=___

⑥ 敌对：11、24、63、67、74、81（共6题）
___+___+___+___+___+___=___

⑦ 恐怖：13、25、47、50、70、75、82（共7题）
___+___+___+___+___+___+___=___

⑧ 偏执：8、18、43、68、76、83（共6题）
___+___+___+___+___+___=___

⑨ 精神病性：7、16、35、62、77、84、85、87、88、90（共10题）
___+___+___+___+___+___+___+___+___+___
=___

⑩ 其他：19、44、59、60、64、66、89（共7题）
___+___+___+___+___+___+___=___

（2）将10个因子的分值加起来得到总分。
总分：___+___+___+___+___+___+___+___+
___+___=___

总分值：90个项目的得分之和。

因子分：组成每一个因子的项目总分/组成每一个因子的项目数

（3）阳性项目数：单项分≥1的项目数，表示受测者在这些项目上呈现出症状。

阴性项目数：单项分=0的项目数，表示受测者在这些项目上表现为无症状。

（4）按全国常模结果，总分超过160分，或阳性项目数超过43项，或任一因子分超过2分，可考虑筛选阳性，需进一步检查。

（5）心理建议

按照中国常模结果，如果你的SCL-90总分超过160分，或任一因子分超过2分，建议找心理健康老师作进一步检查。如果总分超过200分，说明有很明显的心理问题，可求助心理咨询师。如果总分大于250分，则情况比较严重，需要作医学上的详细检查，对症治疗。

SCL-90各因子项分值参照

① 躯体化：包括1、4、12、27、40、42、48、49、52、53、56和58共12项。该因子主要反映主观的身体不适感。身体不适感，包括心血管、胃肠道、呼吸和其他系统的不适，头痛、背痛、肌肉酸痛，以及焦虑等躯体不适表现。

该因子项的得分在0～48分之间。得分在24分以上，表明个体在身体上有较明显的不适感，并常伴有头痛、肌肉酸痛等症状。得分在12分以下，躯体症状表现不明显。总的来说，得分越高，躯体的不适感越强；得分越低，症状体验越不明显。

② 强迫症状：包括3、9、10、28、38、45、46、51、55和65共10项，反映临床上的强迫症状群。主要指那些明知没有必要，但又无法摆脱的无意义的思想、冲动和行为，还有一些比较一般的认知障碍，如"脑子变空了""记忆力不好"等，也在这一因子中反映出来。

该因子项的得分在0～40分之间。得分在20分以上，强迫症状较明显。得分在10分以下，强迫症状不明显。总的来说，得分越高，表明个体越无法摆脱一些无意义的行为、思想和冲动，并可能表现出一些认知障碍的行为征兆；得分越低，表明个体在此种症状上的表现越不明显，没有出现强迫行为。

③人际关系敏感：包括6、21、34、36、37、41、61、69和73共9项。主要指人际交往中的不自在感和自卑感，尤其是在与其他人相比较时更加突出。容易自卑、懊丧以及在人际交往中明显不好相处的人，这一因子的得分往往较高。

该因子项的得分在0～36分之间。得分在18分以上，表明个体人际关系较为敏感，人际交往中自卑感较强，并伴有行为症状（如坐立不安、退缩等）。得分在9分以下，表明个体在人际交往方面较为正常。总的来说，得分越高，表明个体在人际交往中表现的问题就越多，自卑、自我为中心越突出，并且已表现出消极的期待；得分越低，表明个体在人际关系上越能应付自如，人际交流中很自信，并抱有积极的期待。

④抑郁：包括5、14、15、20、22、26、29、30、31、32、54、71和79共13项。抑郁、苦闷的情感与心境为代表性症状，以生活兴趣的减退、动力缺乏、活力丧失等为特征，还包括失望、悲观以及与抑郁相联系的感知和躯体方面的感受，另外，还包括有关死亡的思想和自杀观念。

该因子项的得分在0～52分之间。得分在26分以上，表明个体的抑郁程度较强，对生活缺乏足够的兴趣，缺乏运动活力，极端情况下，可能会有自杀的倾向。得分在13分以下，表明个体抑郁程度较弱，生活态度乐观积极，充满活力，心境愉快。总的来说，得分越高，抑郁表现越明显；得分越低，抑郁表现越不明显。

⑤焦虑：包括2、17、23、33、39、57、72、78、80和86共10项。指在临床上明显与焦虑症状群相联系的精神症状及体验。一般指烦躁、坐立不安、神经过敏、紧张以及由此产生的躯体征状，如震颤等。

该因子项的得分在0～40分之间。得分在20分以上，表明个体较易焦虑，易表现出烦躁、不安静和神经过敏，极端时可能导致惊恐发作。得分在20分以下，表明个体不易焦虑，易表现出安定的状态。总的来说，得分越高，焦虑表现越明显；得分越低，越不会出现焦虑。

⑥敌对：包括11、24、63、67、74和81共6项。主要从思维、情感及行为三方面来反映人的敌对表现。其项目包括厌烦的感觉、摔物、争论直

到不可控制的脾气爆发等方面。

该因子项的得分在0～24分之间。得分在12分以上，表明个体易表现出敌对的思想、情感和行为。得分在6分以下，表明个体容易表现出友好的思想、情感和行为。总的来说，得分越高，个体越容易敌对，好争论，脾气难以控制；得分越低，个体的脾气越温和，待人友好，不喜欢争论，无破坏行为。

⑦恐怖：包括13、25、47、50、70、75和82共7项。它与传统的恐怖状态或广场恐怖所反映的内容基本一致。引起恐惧的因素包括出门旅行、空旷场地、人群或公共场所和交通工具。此外，还有社交恐怖。

该因子项的得分在0～28分之间。得分在14分以上，表明个体恐怖症状较为明显，常表现出社交恐惧、广场恐惧和人群恐惧。得分在7分以下，表明个体的恐怖症状不明显。总的来说，得分越高，个体越容易对一些场所和物体发生恐惧，并伴有明显的躯体症状；得分越低，个体越不易产生恐怖心理，越能正常地交往和活动。

⑧偏执：包括8、18、43、68、76和83共6项。偏执是一个复杂的概念，本因子只包括了一些基本内容，主要指思维方面，如投影性思维、敌对、猜疑、妄想、被动体验和夸大等。

该因子项的得分在0～24分之间。得分在12分以上，表明个体的偏执症状明显，较易猜疑和敌对。得分在6分以下，表明个体的偏执症状不明显。总的来说，得分越高，个体越易偏执，表现出投射性的思维和妄想；得分越低，个体思维越不易走极端。

⑨精神病性：包括7、16、35、62、77、84、85、87、88和90共10项，其中有幻听、思维播散、被洞悉感等反映精神分裂样症状项目。反映各式各样的急性症状和行为，即限定不严的精神病性过程的症状表现。

该因子项的得分在0～40分之间。得分在20分以上，表明个体的精神病性症状较为明显。得分在10分以下，表明个体的精神病性症状不明显。总的来说，得分越高，越多地表现出精神病性症状和行为；得分越低，就越少表现出这些症状和行为。

⑩其他：19、44、59、60、64、66和89共7项，指未能归入上述因子的一些项目，它们主要反映睡眠及饮食情况，将之归为"其他"因子。

你已经完成了症状自评量表的全部题目,并且对数据进行了分析。

① 哪些因子分值提示你很健康?说一下你是怎么做到的。总结一下经验,让自己一直保持这种状态。

② 有哪些状况在困扰着你?这种状况已经出现多长时间了?你能找出困扰你的原因吗?

你可以用学到的哪些方法来战胜它?请记录下来。

_____
_____
_____
_____
_____
_____
_____
_____

项目五　认识心理咨询，走进心理咨询

心理咨询是心理咨询师协助来访者解决各类心理问题的过程，心理咨询是助人自助的过程。随着心理咨询行业的发展和人们对自身生命质量要求的不断提高，人们对心理咨询的需求也越来越强烈，咨询的范围也越来越广，咨询对象的范围呈现不断扩大的趋势。人们对学习、就业和日常生活中的各种不适应都提出了咨询的需求，心理咨询逐渐走进我们的生活。

特别是同学们正处在长身体长知识的年龄，更会产生许许多多的心理问题。认识心理咨询，走进心理咨询，成为帮助同学们解决心理问题的一条途径。走进心理咨询室是勇敢者的表现，当你能够说出你的烦恼和困惑时，你的烦恼和困惑就已经在减弱。勇敢地向他人坦露，勇于面对问题，勇于承认自己的不足。只有拥有积极健康的生活态度，才会拥有健康的心理，才能有足够的心理能量来迎接工作、学习和生活带给我们的各种挑战。

小微的烦恼

小微是一个内向的女孩子，每天和她的好朋友小兰出双入对，和别的同学几乎没有太多的交往。她俩住在同一间宿舍。小兰外向活泼，每当小兰和别的同学在一起时，小微表现出不高兴，时间一长，小兰也无法忍受她，两人开始谁也不理谁。小兰有很多的朋友，所以根本没把这当回事，每天高高兴兴。可小微的情绪一天比一天消沉，白天上课时因睡觉还被老师叫起来几次。一个学期过去了，暑假回来后，小微提出要退学，老师问其原因，她也不说，后来还是小微的妈妈和老师沟通才知道事情的缘由。此时小微已经患上了严重的失眠，晚上需要服用安眠药才能入睡。小微对妈妈将这件事告诉老师表现得非常生气。

① 你帮小微诊断一下,她是身体还是心理出了问题?问题出在哪里?
② 如果你碰到和小微一样的问题,你会向心理老师寻求帮助吗?
③ 如果让你来帮助小微,你会制定怎样的帮助方案呢?

一、常见的心理咨询方式

常见的心理咨询方式包括以下几种。

1. 发展性心理咨询

发展性心理咨询可以帮助人们挖掘心理潜力,提高自我认识的能力。当自我认识出现偏差或障碍时,可以通过心理咨询解决。发展性心理咨询包括以下内容:潜能开发、个性发展和人格的完善、社会适应问题、各种心理矛盾、家庭关系困惑、人际关系困惑、性心理困惑等。

2. 健康性心理咨询

健康性心理咨询,顾名思义就是希望通过咨询能让自己的心理健康起来。健康性心理咨询的对象是那些自己觉得心理不够健康的心理正常的人群。当同学们在生活、学习、交友、择业等方面遇到问题,产生了心理的困扰,而自己没有办法解决时,可以在心理咨询老师的理解、支持与帮助下找到解决的办法。

3. 个体咨询与团体咨询

个体咨询是一对一的关系,为个体提供一个安全可信任的环境,使来访者被压抑的情绪得以释放疏泄,并增加对自我或情境的了解,增强自信心与主动性,学会自己做出判断和决定,从而使人格得到成长。团体咨询是在团体情境中,通过团体内人际交互的作用,促使个体在交往中观察、学习、体验、认识自我,探寻正确的心理态度的一种咨询方式。

二、心理咨询的基本原则

1. 保密性原则

咨询人员有保护来访者的义务，不得在任何场合谈论来访者的咨询问题，需要妥善保管来往信件、测试资料、咨询档案等材料，不得向来访者的同学、父母等谈及来访者的隐私，除非征得来访者的同意。

2. 客观中立和无条件积极关注原则

咨询人员对来访者的语言、行动和情绪等要充分理解。每个人做任何事必有自己的苦衷，不得从道德的角度进行评判，咨询人员要保持中立的态度，站在客观的立场，对来访者进行无条件的积极关注，给来访者以包容和理解，创造良好的咨询环境，帮助来访者解决心理问题，走出阴霾。

3. 时限性原则

心理咨询必须遵守一定的时间限制。咨询时间一般为每次50分钟左右（初次接待时间可以适当延长），每周一次，原则上不能随意延长咨询时间或时间间隔，这样的咨询频率有助于来访者的个人心理成长。

4. 自愿性原则

到心理咨询室求助的来访者必须完全出于自愿，这是确立咨访关系的先决条件。来访者只有自己感到心理不适并为此烦恼，并且有咨询愿望和要求，主动找咨询人员倾诉以寻求心理援助，才能真正起到咨询的作用，有利于心理问题的解决。

5. 重大决定延迟原则

在心理咨询期间，由于来访者情绪不稳，较易冲动，有时还会做出过激行为，无论是学校还是来访者本人，在此期间不要轻易做出劝其退学或是要求主动退学的决定，要在来访者情绪得以安定、冷静之后再做出妥善决定，这一点应在咨询开始时就予以告之，并遵照执行。

6. 对来访者负责的原则

在咨询的过程中，如来访者有自杀或攻击他人、破坏公共设施的企图时，为了保护来访者，同时也为避免他人或社会利益受到损害，这时保密原则也不是绝对的，本着对来访者本人负责的态度，必须采取一定的措施。

小微的案例告诉我们，不是每个人都有勇气走进心理咨询室去面对自己的问题。你对心理咨询有怎样的看法呢？请说一说你的想法。

_____
_____
_____
_____
_____
_____
_____
_____

成长篇

每个人都在不断地成长，
长身体、长知识、长见识、长能力、长智慧……
这所有的成长都会伴随心灵的成长，
每一次的心灵成长都会让我们欢欣雀跃。
成长的路上总会有风雨，有荆棘。
我们要让自己具有坚韧不拔、百折不挠的精神，
任何压力和挫折都无法打垮我们。

项目一　学会适应新生活

校园生活对于每位同学来说，都是一段令人难忘的人生体验。在这里，你要学会独立面对自己的生活，自主解决你人生中的难题，适应这个新的环境，处理其中的各种关系。这不仅需要我们具备一定的心理健康知识，还需要掌握适应环境的技巧。

宿舍里的"烦心事"

开学已经有一个月了，李静和同宿舍的其他五名女同学总是合不来，别人有说有笑，找到了自己的好朋友，而她自己总是孤单一人，心里很难过，于是她向老师说出想退学的念头。老师向其他五名女生了解情况后得知，李静是家里的独生女，第一次离家过集体生活。刚开始大家都挺热情地和她打招呼说话，可李静总是在说话的时候怼得人不知道说什么，自己一不高兴就会给别人脸色看，从来不顾及别人的感受。有时晚上就寝后还会拿出私藏的手机给别人打电话，声音很大，严重影响别人的休息。这样一来，大家就开始讨厌她，她也因为感到同学们对她的排斥而心情低落，觉得同学们是在欺负她。

请你帮李静分析一下，她的问题究竟出在哪里？

通过李静的案例，反思一下自己有没有犯过和李静一样的错误。在适应新环境时，你有哪些好的做法和经验希望和大家分享呢？

一、新生适应不良的原因

1. 适应能力不强

每个人的适应能力不尽相同。有些人适应能力较强，能很快融入新的环境和人群中，而有些人则需要很长时间，学习很多的方法才能逐渐地适应。

2. 环境变化带来的差异

不同学校的教学、管理方式的差异，老师的要求、教学方式的差异，自己的角色、定位等的变化，对新同学的个人情况、性格特点等的不了解，这些诸多的变化，都需要一段时间去适应。

二、新生适应不良的行为表现

1. 反抗现实

由对现实的不满意转化为对现实的反抗，反抗现有的学校管理、老师的要求等，比如：学校规定不让学生抽烟、不让在校内鸣笛拉风骑车等，有些学生明知故犯，以向班主任或学校示威。有时会严重到反抗社会规范，产生一些较为严重的反社会行为。

2. 逃避现实

由于个体承受不了现实的压力，采用逃避、自欺欺人的方式来应付问题，以求获得暂时的满足，然而这样根本解决不了实质问题，久而久之会使问题变得更加严重。

3. 脱离现实

有些学生无法适应外在的环境，干脆就在现实中消沉下去，沉迷于虚无缥缈的网络世界，过的是完全与现实脱离的生活，这种方式很容易导致心理疾病。

三、适应新生活的技巧

1. 主动敞开心灵之门

生活中，很多的困难和障碍往往不是来自我们所处的外部环境，而是产生于我们的内心，让我们有意无意地回避着我们并不熟悉的事物，而回避不是办法，主动迎接挑战才是上策。

2. 主动适应新的环境

新校园是我们必须尽快适应的新环境。到校园内走走，了解食堂、宿舍、运动场、教室等所在的位置，了解学校里设置的和我们生活、学习密切相关的部门，比如医务室、心理健康中心、生活超市等。校园的周边环境也需要了解，如银行、大型商场、超市等的位置，公交线路的设置等。

3. 主动"入乡随俗"

同学们来自不同的地方，各地语言的差异容易造成同学之间沟通的不顺畅，各地的生活习惯和习俗也容易造成同学之间认识上的差异，因此，建议同学们使用普通话进行沟通交流，学习普通话也是我们适应环境和适应社会的重要一环。对存有不同意见和想法的同学要相互理解包容，求同存异，不要非争出个对错才好。

4. 培养生活自理能力

具备生活自理能力是新生适应新生活的前提，要学会照顾自己、独立生活，学会如何管理自己的财物，如何支配每月的生活费，做到既不浪费又能有计划地满足生活，这也是将来真正走向社会，成为一个独立的人不可或缺的重要能力。

5. 主动适应新的人际关系

学校、班级就像是个大家庭，同学们在集体生活中由于个性及习惯的不同，一定会出现各种矛盾和冲突，这时就需要大家互相理解、包容和迁就。师生之间的关系和普通中学也有了质的不同，同学们要尽快适应这种转变，学会在新的环境中努力给老师和同学留下良好的第一印象。主动与新老师、新同学接触，真诚积极地参与到集体活动中去。多一分理解与包容，多一分真诚与善意，有助于你建立良好的人际关系。

6. 主动适应新的学习生活

学校多采用模块式教学，以学习技能为目的，会更加重视培养学生的动手能力，所以要及时调整学习方法。"师傅领进门，修行在个人"，同学们要掌握各种技艺并且学会举一反三。要有吃苦耐劳的精神，因为每一项技术的掌握都离不开千百次的练习。

7. 学会利用你身边的资源

学校里有丰富的资源可供我们使用。图书室里有丰富的图书可供阅读，技能实训室的设备可供练习使用，此外学校里组织的各种社团活动、讲座和比赛都期待同学们的参与，这些都是提升自我的有效资源。

8. 规划好自己的职业生涯

在校学习的目标之一是掌握本领、顺利就业，因此，入学伊始不妨为自己的未来做个规划，无论是学业方面还是就业方面。拥有一个明确的目标，会帮助你更快地适应新的学校生活。

测一测你的心理适应能力

下面的问题能帮助你进行心理适应能力的自我判断。请认真阅读，并选出一个与你实际情况相符的选项。

题目	A（是）	B（不确定）	C（不是）	得分
1. 见到生人，我总是不知道说什么，很尴尬				
2. 新鲜的事物会调动我的积极性				
3. 尽可能不换环境，因为我要花很长时间来适应一个新环境				
4. 每到一个新的地方，正好是认识更多人的好机会，我会很快和他们融在一起				
5. 做事情时如果身边有人，我总以为别人在看我				
6. 别人的意见如果和我的不一样，我会试着去理解				
7. 老师提问我时，大家的眼睛都盯着我，让我无法思考				
8. 当别人提出新观点、好观点的时候，我会接纳并且向他学习				
9. 每到一个新地方，我总是睡不好觉				
10. 我考试时总怯场，成绩会比练习时差很多				
11. 在大庭广众之下跑步，会让我紧张到不会迈步				
12. 外部环境几乎影响不到我，我会很快适应				
13. 我不喜欢的学科，怎么学也学不会				
14. 教室里声音越嘈杂，我的学习效率越高				
15. 本来背得滚瓜烂熟，只要老师让我站起来背诵就会出差错				
16. 我对生活条件要求不高，生活艰苦一点也不会让我意志消沉				
17. 每次和别人争论问题时，我总是说不出所以然来，总要等到事后才想起怎么反驳对方				

续表

题目	A （是）	B （不确定）	C （不是）	得分
18. 尽管我也会在关键时刻很紧张，但能很快镇定下来，并且常常能把问题解决得很好				
19. 当家里来陌生人的时候，我会躲在自己的屋里，妈妈喊我也不出来				
20. 我很喜欢人多热闹的地方，所以我一定要参加学校的社团活动，这让我认识了很多积极乐观的人				
分值合计				

评分规则：

① 单数号题目（如1、3、5、…）：选A得-2分，选B得0分，选C得2分。

② 双数号题目（如2、4、6、…）：选A得2分，选B得0分，选C得-2分。

③ 将所有题目的分数相加，即得到总分。

结果分析：

① 35～40分：心理适应能力很强。能很快地适应新的学习、生活环境，与人交往轻松、大方，给人留下极好的印象。无论进入什么样的环境，都能应付自如。

② 29～34分：心理适应能力良好。能较好应付各类环境及事情，可以与人顺畅地交往。

③ 17～28分：心理适应能力一般。适应新环境可能需要一定的适应期，与人交往也要在相互熟悉以后才会有进展。

④ 6～16分：心理适应能力较差。只有在较好的、熟悉的环境中才能正常活动，一旦遇到困难就容易怨天尤人，意志消沉。

⑤ 5分以下：心理适应能力很差。在各种新环境中，即使经过一段相当长时间的努力，也不一定能适应，常常感到困扰，也因与周围事物格格不入而十分苦恼。在人际交往中，总是显得拘谨、羞怯、手足无措。

心理建议：

如果你在这个测试中得分较高，说明你的心理适应能力较强。如果你的得分较低，也不必忧心忡忡，因为一个人的心理适应能力是随着年龄的增长，知识、经验的丰富而不断提高的。只要你充满自信，刻苦学习，虚心求教，加强锻炼，你的心理适应能力就会一点点地增强起来。

你的心理适应能力处在哪个分数段内？如果分值很高，请分享一下你的经验和方法；如果分值较低，你准备从哪些方面做出改变呢？

_____
_____
_____
_____
_____
_____
_____
_____

项目二　做情绪的主人

每天都会有各种情绪包裹着我们，当我们不开心的时候，我们总以为，是别人让我生气，是事情令我烦恼；当我们暴跳如雷的时候，我们总以为，我们无法控制自己的情绪。事实真的是这样吗？让我们一起走进情绪的世界，了解情绪的真相，学习掌控自己的情绪。

一名来访者的自述

来访者："老师，今天我和好朋友大吵了一架，说了好多气头上的话，现在想想很后悔，我想找他道歉，可又不好意思。"

老师："我大概能理解你此时的心情，能具体地说一下吗？"

来访者："老师，我平时挺要面子的，可最近总是有好多事情做不好。老师上课提问我，我没回答上来，我心里很不舒服，一整天情绪也不好，结果又把车工工艺的作业写在了机械基础的作业本上，真是倒霉透了。一直以来，我不能听到别人说我的不是，面上好像我不在乎，可心里就会很生这个人的气。昨天和我的好朋友一起去买饭，平时我们步调挺一致的，可这次我要去吃米饭，他非要去吃饼，争着争着就吵起来了，还越吵越凶，就是这样……"

① 你有过和这位来访者类似的经历吗？说一说你的类似经历。
② 说一说你遇到类似事情是如何处理的。

平时哪些事情会影响到你的情绪呢？尽可能把它们都记录下来。当你淹没在这些情绪里时，你都会有什么样的表现呢？勇敢地说出来，这是你进步的开始。

一、认识情绪

1. 情绪对人的影响

情绪是指人们在心理活动中针对客观事物是否符合自身需要而产生的心理体验。

人类基本的情绪有四种：快乐、愤怒、悲哀、恐惧。如果客观事物或情景满足了我们的需要和愿望，我们就会产生积极、肯定的情绪，如快乐、欣喜等；一旦客观事物不符合我们的需要和愿望，就会导致消极、否定的情绪，如悲哀、恐惧等。

积极的情绪可以提高我们的活动能力，并使我们倾向于看到事物美好的一面，而消极的情绪则会降低人的活动能力，使人产生悲观意识，更容易产生攻击性行为，有时还会引发生理上的疾病。

情绪具有干扰思维的强大力量。如焦虑、愤怒之类，可产生神经"静电干扰"，所以，当烦躁不安时，我们常说"简直无法让人思考"。激动之下，丧失理智的行为也常常让人们为之付出沉重的代价。

2. 信念决定情绪

面对同一件事情，不同人的情绪体验也不完全一样。决定我们情绪的不是事件或情景本身，而是我们对事件或情景的看法，即信念。信念不同，情绪则不同。不合理的信念会导致不良情绪和行为的产生。

所幸，人的情绪是可以控制的，因为情绪是信念决定的。只要能够改变信念，就能改变和控制我们的情绪和行为。因此，我们要学习控制自己的情绪，做自己情绪的主人。

二、合理情绪疗法的ABC理论

合理情绪疗法又称合理情结疗法，由美国临床心理学家阿尔伯特·艾利斯（1913—2007）在1955年开创。

他的基本理论主要是ABC理论。在ABC理论模式中，A是指诱发性事件；B是指个体在遇到诱发事件之后相应而生的信念，即他对这一事件的看法、解释和评价；C是指特定情景下，个体的情绪及行为结果。通常人们认为，人的情绪的行为反应是直接由诱发性事件（A）引起的，即A引起了C。ABC理论指出，诱发性事件（A）只是引起情绪及行为反应的间接原因，而人们对诱发性事件所持的信念、看法和理解（B）才是引起人的情绪及行为反应的更直接的原因。人们的情绪及行为反应与人们对事物的想法、看法有关。合理的信念会引起人们对事物的适当的、适度的情绪反应，而不合理的信念则相反，会导致不适当的情绪和行为反应。当人们坚持某些不合理的信念，长期处于不良的情绪状态之中时，最终将会导致情绪障碍的产生。

因为情绪是由人的思维、信念所引起的，所以艾利斯认为每个人都要对自己的情绪负责。他认为，当人们陷入情绪障碍之中时，是他们使自己感到不快，是他们自己选择了这样的情绪取向。不过有一点要强调的是，合理情绪治疗并非一般性地反对人们具有负性情绪，比如一件事失败了，感到懊恼，有受挫感是适当的情绪反应；抑郁不堪，一蹶不振则是不适当的情绪反应。

三、掌控自己的情绪

1. 觉察并接纳自己的情绪

人的情绪多种多样，我们要学会觉察自己的情绪是什么，是愤怒、焦虑、忧伤、委屈还是失落等。我们也要学会思考为什么会产生这样的情绪，这样的情绪是否正常。如失恋会伤心、被误解会愤怒、亲人离世会悲伤，这些情绪都是正常的，我们要学会理解与接纳。

2. 恰当表达自己的情绪

情绪是否要表达出来，有的人认为应该保留隐私，或者认为表达这个情绪会使别人受伤而选择不表达，这种方式不是积极应对情绪的好方法。情绪是会积累的，积累到一定程度，既会影响自己的身心健康，也有可能会产生更加难以控制的局面。因此，我们要学会在不同时间、不同场合，面对不同对象恰当表达自己的情绪。

表达情绪时，要注意以下两点：第一、在极端情绪状态时，为避免说出后悔的话就暂停情绪表达；第二、选择彼此能够专注、没有压力时再进行表达。恰当时机的表达会让对方心悦诚服地接受，而不合时宜的表达只能让事情变得更糟糕。

3. 改变不合理的认知

学习合理情绪疗法的ABC理论，在实践中运用该理论去控制自己的情绪，不断提升自己的情绪控制能力。

4. 以合适的方式舒缓情绪

如果你平时喜欢听音乐、跑步、睡觉、爬山、逛商场等，在你情绪不好的时候，就去做你喜欢做的这些事情，它可以转移你的注意力，舒缓你的坏心情。

通过学习情绪的有关知识，总结一下之前自己的不良情绪是怎么造成的，以后你准备怎样控制自己的情绪，真正做情绪的主人。

四、焦虑等级评估

焦虑自评量表，由 W. K. Zung 于 1971 年编制，既可作为医院心理咨询门诊了解咨询者焦虑症状的测评工具，也可作为学校心理咨询老师评估学生焦虑等级的工具。

焦虑自评量表（SAS）

下面有 20 项题目，请仔细阅读每一项，每一项文字后有四个选项。在理解题目及各选项含义的基础上，根据你最近一周的实际感受，在 A、B、C、D 上划"√"，每题限选一个答案。

题目	A 没有或很少时间	B 小部分时间	C 相当多时间	D 绝大部分或全部时间	得分
1. 我觉得比平常容易紧张和着急					
2. 我无缘无故地感到害怕					
3. 我容易心里烦乱或觉得惊恐					
4. 我觉得我可能将要发疯					
5. 我觉得一切都很好					
6. 我手脚发抖打战					
7. 我因为头痛、头颈痛和背痛而苦恼					
8. 我感觉容易衰弱和疲乏					
9. 我觉得心平气和，并且容易安静坐着					
10. 我觉得心跳得很快					
11. 我因为一阵阵头晕而苦恼					
12. 我有晕倒发作或觉得要晕倒似的					
13. 我吸气呼气都感到很容易					
14. 我手脚麻木和刺痛					

续表

题 目	A 没有或 很少时间	B 小部分 时间	C 相当多 时间	D 绝大部分或 全部时间	得分
15. 我因为胃痛和消化不良而苦恼					
16. 我常常要小便					
17. 我的手常常是潮湿的					
18. 我脸红发热					
19. 我容易入睡并且一夜睡得很好					
20. 我做噩梦					

计分规则：

① 正向计分题号：1、2、3、4、6、7、8、10、11、12、14、15、16、18、20，正向计分题A、B、C、D选项按1、2、3、4计分。

② 反向计分题号：5、9、13、17、19，反向计分题A、B、C、D选项按4、3、2、1计分。

③ 20个项目的分数相加得出总分，再乘以1.25取整数部分，即得标准分。

④ 按照中国常模结果，SAS标准分的分界值为50分。低于50分者为正常，50～60分者为轻度焦虑，61～70分者为中度焦虑，70分以上者为重度焦虑。

心理建议：

如果你的分数低于50分，说明你没有受到焦虑的困扰；如果分数提示你可能处在轻度焦虑状态，建议去找心理咨询老师聊一下最近的状况；如果分数提示你可能处于中度以上焦虑，则建议去精神专科咨询就诊，排除焦虑症。

五、抑郁等级评估

抑郁自评量表是一种测量抑郁的工具，由美国杜克大学W. K. Zung于1965—1966年开发。该量表使用简便，量表的内容很直观地反映了抑郁症患者的主观感受。如果有自我感觉不适的情况，可以在心理咨询老师的帮助下，进行该量表的测评，从而评估自己的抑郁等级。

抑郁自评量表（SDS）

下面有20项题目，请仔细阅读每一项，每一项文字后有四个选项。在理解题目及各选项含义的基础上，根据你最近一周的实际感受，在A、B、C、D上划"√"，每题限选一个答案。

题　目	A 没有或 很少时间	B 小部分 时间	C 相当多 时间	D 绝大部分或 全部时间	得分
1. 我觉得闷闷不乐，情绪低沉					
2. 我觉得一天之中早晨最好					
3. 我一阵阵地哭出来或是想哭					
4. 我晚上睡眠不好					
5. 我吃的和平时一样多					
6. 我与异性接触时和以往一样感到愉快					
7. 我发觉我的体重在下降					
8. 我有便秘的苦恼					
9. 我心跳得比平时快					
10. 我无缘无故感到疲乏					
11. 我的头脑和平时一样清楚					
12. 经常做的事情，对我来说没有什么困难					
13. 我觉得不安而平静不下来					
14. 我对将来抱有希望					
15. 我比平常容易激动					
16. 我觉得做出决定是容易的					
17. 我觉得自己是个有用的人，有人需要我					
18. 我的生活过得很有意思					

续表

题 目	A 没有或 很少时间	B 小部分 时间	C 相当多 时间	D 绝大部分或 全部时间	得分
19. 我认为，如果我死了别人会生活得更好些					
20. 平常感兴趣的事，我仍然感兴趣					

计分规则：

① 正向计分题号：1、3、4、7、8、9、10、13、15、19，正向计分题A、B、C、D按1、2、3、4计分。

② 反向计分题号：2、5、6、11、12、14、16、17、18、20，反向计分题A、B、C、D按4、3、2、1计分。

③ 20个项目的分数相加得出总分，再乘以1.25取整数部分，即得标准分。

④ 按照中国常模结果，SDS标准分的分界值为53分。低于53分的为正常群体，53～62分为轻度抑郁，63～72分为中度抑郁，72分以上为重度抑郁。

心理建议：

如果你的分数低于53分，说明你没有抑郁困扰；如果分数提示你可能处于轻度抑郁，建议找心理咨询老师聊一下最近的状况；如果分数提示你可能处于中度以上抑郁，则建议去精神专科咨询就诊，排除抑郁症。

以上两个自评量表，可以让大家随时了解自己是否有焦虑和抑郁情绪。你自测之后有什么感受？如果出现焦虑和抑郁情绪也很正常，不用担心，我们努力培养自己具有调整这些情绪的能力就好。

项目三　积极应对压力，提高适应能力

在日常生活中，人们总是能够感受到压力无处不在，常常搅扰我们的心神。所谓压力，就是指各种刺激事件和不利因素，使人在心理上产生的困惑或威胁。对我们学生而言，它常常来自学习的压力、同学之间的关系、老师与家长的期望、就业的压力等，这都会给我们带来心理压力，影响到我们的身心健康。

趣味小测试

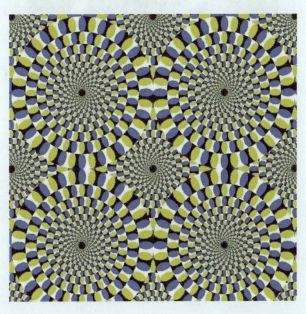

注：图片由日本京都立命馆大学心理学家本冈明佳研究并发表

这是一幅静止的图形，如果你看到的是一幅静止的画面，恭喜你，说明你此时的心情很放松；如果你看到的是转动的齿轮，表明你心里有压力。齿轮转动得越快，压力就越大，如果齿轮在飞转，建议你马上休息。

注：最初见于1888年德国的一张明信片，作者不详

上面这幅图形，如果你看到的是一个少女，说明你此时的心情放松而愉快；如果你看到的是个老妇人，说明你的心情很低落而且压力较大，要注意自我调整。

一、认识压力

压力是一个外来词，原意是痛苦，有"紧张、强调"等意思。压力，是心理压力源和心理压力反应共同构成的一种认知和行为的体验过程，是对某件事做出的应激反应。压力源是指引起压力反应的因素，包括生物性压力源、精神性压力源和社会性压力源。

1. 生物性压力源

直接阻碍和破坏个体生存与种族延续的事件，包括身体创伤、疾病、饥饿、性剥夺、睡眠剥夺、感染、噪声、气温变化等。

2. 精神性压力源

直接阻碍和破坏个体正常精神需求的内在和外在事件，包括错误的认知结构、个体不良经验、道德冲突以及长期生活经历造成的不良个性心理特点（易受暗示、多疑、嫉妒、自责、悔恨、怨恨等）。

3. 社会性压力源

直接阻碍和破坏个体需求的社会事件，包括纯社会性的（重大社会变革、重要人际关系破裂等）和由自身缺乏社交技巧造成的人际关系适应问题（如社会交往不良）。

造成心理问题的压力源绝大多数是综合性的，在分析心理问题根源时，必须把三种压力源作为有机整体来考虑。往往在生物性或社会性压力源背后，还隐藏着深层的精神性压力源。

二、在校学生压力产生的主要原因

1. 来自社会的压力

在迅猛发展的今天，社会对人才的要求越来越高，已经由以前的"一专多能"提高到现在的"多专多能"，而且对人才的心理素质和综合能力都有了更高的要求，这种对人才的需求趋势必然给学生带来更大的心理压力。

2. 来自专业学习的压力

对学生来说，学习的专业是一个全新的领域，需要从零学起，难度较大，要想学好专业知识不是件容易的事情，必然会给学生带来较大的心理压力。

3. 来自就业的压力

虽然目前学生的就业形势较好，尤其是经济发达地区，给学生提供的就业岗位较多，但就业的期望值和现实之间仍存在一定的差距，人职不匹配等问题也给学生带来很多的压力。

4. 来自学生自身的压力

① 性格对压力的影响。心理学研究发现，人的性格直接影响着压力的大小。一般性格外向、自信、活泼、开朗、乐观的人不容易产生太大的压力；而性格内向、自卑、胆小、敏感、悲观的人容易把压力内化，从而产生较大的心理负担。

② 缺乏排解压力的合理途径。每个人都承受着各种压力。当压力来临时，

有的学生懂得采用对人倾诉、心理咨询、放松训练、转移注意力等合理的方式去缓解和消除压力；而有的学生却总是把压力积压在心里，不知道怎样缓解或消除，有的学生甚至因为压力过大出现心理障碍或心理疾病。

5. 来自同伴排斥的压力

心理学研究表明，青少年时期，同伴群体对个体的影响力非常巨大。同学们来自不同的地方，彼此的生活习惯和个性各不相同，容易导致同伴间的人际冲突，尤其是同伴群体对个别学生产生的排斥或不接纳现象，也会导致学生产生极大的心理压力。

三、压力的管理与调适

（一）换个角度看问题

我们之所以感到压力太大，很大程度上是因为我们不合理的认知——绝对化要求、过分概括化和糟糕至极这些非理性观念。其实改变不合理看法、错误观念的方法很简单，换个用词就能换一种想法，换种思维就能换一片天地，换个角度看问题，结果就会有所不同。

（二）学会舍得与放弃

1. 有限制地追求完美

如果我们做每一件事都力求完美，必然会感到力不从心，从而不断给自己增加压力和紧张感。其实，我们只需要努力去做就行。

2. 有限制地取悦他人

做事考虑到别人的感受，能够适当地取悦对方，这些都是一个人的优良品质。如果过分地取悦他人，总是担心自己的某个行为或某句话会让对方不高兴，就会给自己带来很大的压力，同时也不利于两个人正常关系的发展。

3. 学会说"不"

个人能力存在差距，勉强自己接受更多的责任和压力必然会增加自己的焦虑。学会在适当的时候说"不"，做到力所能及就好。

（三）面对压力，采取行动

如果遇到压力过大而产生焦虑时，我们可以尝试按以下六个步骤去做，也许会发现压力并不像我们想象的那么大，事情也不像我们想象的那么困难和可怕。

① 确定问题。会发生什么事？会在什么时候发生？会涉及谁？

② 尽可能多地列出解决问题的各种办法。

③ 分析每一种解决办法的利弊。

④ 选择一种解决方法，制定行动计划。

⑤ 按计划采取实际行动。

⑥ 时常总结解决压力的经验。

（四）学会宣泄

1. 用言语宣泄

可以向熟悉的人倾诉，如家人、朋友、同事；也可以向专业人员倾诉，如心理咨询师；还可以向自己倾诉，如与自己对话、写日记等。

2．用声音宣泄

可以找一个空旷无人的地方大声高喊，也可以约上好朋友，一起到空旷处高喊、说笑。很多城市开办了"爱笑俱乐部""笑声俱乐部"等，都是利用声音进行宣泄。

3．用眼泪宣泄

眼泪不是弱者的专利，想哭的时候不必过分压抑自己，有时"坚强的眼泪"可以带走委屈、无助、愤怒和恐惧，擦干眼泪后重新激起昂扬的斗志。

4．用肢体宣泄

运动不失为宣泄压力的一种好办法，因为运动时的肌肉紧张可以代替精神紧张，从而做到精神放松。既可以户外运动，也可以借助橡皮人、沙袋等进行宣泄。宣泄的原则是不危害他人。

（五）建立良好的社会支持系统

社会支持系统，也称为社会关系网，是指个人在自己的社会关系网中所能获得的、来自他人的物质与精神上的帮助与支持。研究认为，良好的社会支持系统可减轻人的心理负担，有利于人的身心健康。因此，我们需要建立良好的家庭关系、师生关系、同学关系、朋友关系等社会关系网。建立良好的第一印象，学会主动交往，关心、帮助别人，会换位思考，善用赞扬与批评，善于落落大方地说"谢谢"，学会宽容和感恩等，都是建立良好社会支持系统的技巧。

（六）平衡学习与生活

① 合理安排自己的时间，分清轻重缓急。

② 明确学习目的，以学好技能、学会做人为主要目的。

③ 将学习压力变为动力，压力对于弱者是绊脚石，对于强者则是垫脚石。

④ 丰富自己的课外活动，积极参加社团活动、兴趣小组以及各项体育锻炼。

⑤ 做好职业生涯规划，让自己的每一天都充实起来，心中有了更长远的目标，才不会被眼前的小事羁绊。

四、学会放松

减压需要学会放松。放松有两层意思，一是肌肉松弛，二是消除精神上的紧张感。放松训练是指将机体从紧张状态中松弛下来的一种练习过程。放松训练可以通过放松肌肉，达到心理上的松弛，从而使有机体保持平衡与稳定。放松训练包括呼吸放松、肌肉放松、音乐放松和意念放松等。

呼吸放松法可以有效地缓解压力，这种方法很简单，且能起到很好的放松效果。呼吸放松的具体方法：坐在椅子上，找到一个舒服的姿势，微微闭上双眼。用腹部吸气，双肩自然下垂，慢慢地深吸气，吸到腹部像吹起的气球一样时，憋气两秒钟，把气体缓缓呼出。这里所说的缓缓，并不是人为控制着气体一点点向外呼出，而是像打开口的气球，让气体自然呼出。刚开始的呼气是喷涌而出的，之后还会有存留的气体，这时我们要将它缓缓呼出，直到感觉呼空了，再深深吸气，重复上面的操作。

在深呼吸的过程中，配合呼吸的节奏给予一些积极的暗示：吸气的时候尽量感受新鲜的气体在身体里流淌，滋养着每一个细胞；呼气的时候，身体里的浊气、压力等正一点点排出体外，体会"深深地吸进来，慢慢地呼出去"的感觉。融入积极暗示的深呼吸能够起到更好的放松效果，而暗示的内容可以根据自己的境遇不同选择不同的暗示。

五、团体活动——分享战胜压力的方法

主持人：老师

分　　组：每6人一组，自由组合形成小组。

热身活动：拍掌游戏

① 当主持人说"1"的时候，同学们拍一下巴掌；说"2"的时候拍两下巴掌；说"3"的时候拍三下巴掌；说"4"的时候不拍巴掌；说"5"的时候拍五下巴掌。

② 主持人由慢到快报出数字，数字顺序可完全被打乱。同学之间相互监督，谁拍错了，整个小组一起受罚，惩罚方法由其他小组决定。

主题活动：战胜压力

① 每组发一张绘图纸，两支签字笔。

② 选出队长，在队长的带领下，给自己的小组起队名、选口号、队歌，设计队徽，这些内容都要写在纸上。

③ 第一轮成果分享：分享小组的队名、口号、队歌和队徽，并且比一比，哪个队在纸上设计的版面最漂亮。

④ 在小组内，每人讲一个自己战胜压力的故事。每人讲完自己的故事后，大家一起来帮这个同学分析一下，他利用了哪种方法战胜了压力，他还可以怎样做。

⑤ 把所有能想到的战胜压力的方法都写在纸上。

⑥ 第二轮分享：由队长带领组员分享本队总结的战胜压力的方法，看哪个队总结的方法多。

⑦ 分享收获：各组学生代表分享活动收获。各队长代表本队分享收获，并作总结性发言。

通过分享战胜压力的团体活动，你学到了哪些方法？相信你一定收获颇多，你现在有信心接受压力的挑战了吗？变压力为动力，让我们一起加油！

项目四　自尊自爱，自信自强

每个人在自我成长的过程中，都会遇到艰难险阻，会伴随着心灵上一次又一次的创伤和一次又一次的愈合，每一次受伤和疗愈的过程就是我们成长的过程，所以我们要感谢那些磨难、委屈甚至是误解，是它们让我们得以成长。真正能让我们的内心强大的力量来自我们自身的自尊自爱、自律自强、自立自信。自尊心是这一切的基础，又是最容易受到伤害的，我们要正确认识自尊心，维护好不让它受到伤害。

小明的"自尊心"

早上6点钟上操是学生必须遵守的日常规定，小明和同宿舍的其他两名同学，在开学以来的这两个月里，经常有上操迟到或旷操的现象。开始老师让舍长提醒和教育，可不见效果，这次他们又旷操，老师把他们三人叫到办公室狠狠批评了一顿，还让他们去操场跑十圈以示惩罚。这件事之后，其他两名同学照常上课，可小明回到教室后对老师的批评和惩罚很是不满，觉得老师没有照顾到他的自尊心，让他的自尊心受到很大的伤害。

① 小明说老师伤害了他的自尊心，是老师做错了吗？
② 他们三人经常迟到、旷操的行为，是一种什么行为呢？

一、认识自尊

（一）自尊的内涵

① 自尊即自我尊重，既不向别人卑躬屈膝，也不允许被别人歧视侮辱。当

一个人的心理或行为受到他人的肯定、赞扬时，会感到高兴，这就是自尊心得到了满足，我们可以从中体会到快乐。

② 自尊是获得尊重的前提，知耻是自尊的重要表现。不知耻、做事无底线的人往往缺少自尊心，自然也得不到他人的尊重。

③ 自尊与虚荣心不同。虚荣心是一种追求表面上荣耀、光彩的心理。虚荣心强的人，常常把个人荣誉、对自己是否有好处，当成支配自己行为的源动力。一旦他人有一点否定自己的言论和表情，便认为自尊心受损，其实这是虚荣心在作祟。虚荣心强的人，还容易产生一种忌妒心理，不能容忍别人超越自己。

④ 自尊与自傲不同。自傲是毫无根据地夸大自己的优点，通常表现为骄傲自大，其实这也是一种虚荣，它们都是一种不健康的心理状态，对个人的成长十分有害。

（二）学会自尊

1. 自尊与尊重他人的关系

被尊重是自尊的需要，尊重他人就是尊重自己。所以，先学会尊重他人，并做到尊重他人，这是赢得别人尊重的前提。彼此相互尊重，才能其乐融融。

2. 培养正确的自尊心

① 了解自尊心和虚荣心之间的区别，克服虚荣心理和自傲心理。

② 懂得知耻，不做有损自己人格的事；关心他人、尊重他人，不做有损他人人格的事。

③ 正确对待他人的议论和批评，适度自尊。

二、自尊心的积极和消极表现

自尊心具体体现为自信、自爱、自负、自卑、偏执狂。前两者是积极的表现，后三者则是消极的表现。

1. 自尊心的积极表现

① 自信，建立在谦逊的基础上，对自己的行为抱有成功的信心。

② 自爱，不允许别人侵犯侮辱自己；愿意不加任何评判地接受自己所做的一切；给自己以足够的重视与关注，做自己生活的主人，并能承担责任。自爱一定要建立在不伤害他人的基础上。

2. 自尊心的消极表现

① 自负，一种极端的自信，建立在自卑的基础上，自负的人往往主观地贬

低他人、或过分抬高自己来确立自己在自己内心中的位置。

② 自卑，消极的普遍表现形式。建立在不自信的基础上，现实与理想的差距往往是自己自卑的原因。

③ 偏执狂，自尊心达到一种无法控制的程度而表现出来的反社会倾向，属于自尊狂妄。

以上无论哪一种表现都是自尊心的表现形式。要想获得自尊，最好的办法就是通过自己的努力去获得成功的体验。

三、自尊心的保护

伤害了自尊心就等于伤害了彼此的感情，只有站在对方立场，思考对方自尊心的需求，才会大大减少不必要的情感伤害，同学之间的关系自然可以融洽和睦。那么怎样维护自己和他人的自尊心呢？

1．通过自己对自尊心的需求了解他人的需求

将心比心，这是最合适的方法。在和同学、老师相处的过程中，你觉得哪句话或哪个行为会伤害到你的自尊心，那么推己及人，你也就了解了他人的自尊心需求。与人相处有个黄金法则：当你希望别人以怎样的方式对待你，你就应该以怎样的方式去对待别人。久而久之，你一定会收获更多人对你的尊重。

2．学会补救"自尊心伤害"

生活中，我们难免无意地伤害了别人的自尊心，这时首先要意识到问题的严重性，然后及时想出补救的良策。由于行动上的积极补救，我们就有可能弥补自己的过错，听之任之是不负责任的做法。

3．为自尊心建一所"小宫殿"

每个人对自尊心的需求都不一样，对自尊心的重视程度也不一样。不允许他人随意践踏和侵犯是自爱的一种表现，为自己的自尊心修一座"小宫殿"以抵御外界的伤害，这样做并不是消极的躲避，而是一种积极的应对方式。同时要注意，对他人的"宫殿"不要侵犯。

4．完善自我

自尊心，是每个人的软肋，是最容易被伤害到的地方。同时，正因为自尊心的存在，我们才会要求自己在工作、生活和学习中做得更好。通过严格要求自己、努力工作、完善自我来获得自信和尊重，这些都是积极保护自尊心的有效方式。

四、团体活动——保护我们的自尊心

主持人：老师

分　组：每6人一组，男女生各半，由主持人随机分组。

热身活动：同船共渡

每个小组发一张报纸，这张报纸就代表一条在大海中漂浮的船，这条船要载上每个同学，不能让任何一个人掉到水中，要求每个人的脚都要站到纸上，不能离开纸面。开始时老师可以设定站在纸上的时间为1分钟，随着报纸每次被叠成一半，小组成员不掉到"水"中的难度会增大，老师可以视情况将每次站住的时间逐渐缩短，直到活动结束。坚持到最后的小组为胜。

主题活动：保护自尊心

① 每组发一张绘图纸，两支签字笔。

② 每组选出队长，在队长的带领下，给自己的小组起队名、选口号、设计队徽，这些内容都要呈现在绘图纸上。

③ 第一轮展示各队的设计成果。

④ 由主持人给出讨论内容，以下三个问题由队长带领队员进行组内讨论和分享，然后总结每个同学的发言，针对每个题目给出五个关键词，写在大白纸上。

a. 每个人都有自尊心，你平时用什么方式来保护自尊心呢？请举例说明。

b. 别人怎么做会让你心里很舒服？

c. 你认为自己的哪些做法照顾到别人的自尊心不受伤害？

⑤ 第二轮展示分享：由队长带领小组成员，展示每队的讨论成果。每队选出一个代表，解释每个关键词的含义，也可以每个队员都发表一下看法。

⑥ 由主持人和各队队长一起将出现最多的关键词总结出来，然后与大家分享。

⑦ 个人自愿分享今天的活动收获。最后由各队队长代表本队分享收获。

拓展阅读

马斯洛的需求层次理论

亚伯拉罕·马斯洛（1908—1970），美国社会心理学家。马斯洛提出的需求层次理论将需求分为五个层次，它的基本内容包括：

① 生存需求：人类维持自身生存的最基本需求，如衣、食、住、行等；

② 安全需求：寻求自身安全的保障，摆脱各种威胁的需求；

③ 爱和归属需求：要求与他人建立情感联系以及隶属于某一群体的需求，爱与被爱同等重要；

④ 尊重需求：希望有稳定的社会地位，希望得到社会的尊重和认可；

⑤ 自我实现需求：这是最高层次的需求，指实现个人的人生价值和理想，把个人价值发挥到最大程度。

马斯洛的需求层次理论

通过学习，相信你已经找到小明和其他两名同学的问题了，请你帮他们总结一下存在哪几个方面的问题。你有犯过和他们相同的错误吗？为了让自己进步得更快，请你勇敢地把它们写出来，然后改正它们吧。

_____
_____
_____
_____
_____
_____
_____

说一说，你的自尊心主要表现在哪些方面，你是用什么方法保护自己的自尊心呢？通过以上的活动，你学到了什么？请记录你的收获。

_____
_____
_____
_____
_____
_____
_____
_____

五、杜绝网络成瘾

（一）网络成瘾综合征

网络成瘾综合征（Internet Addiction Disorder，简称IAD），是指已经对网络产生依赖，在当下没有网络的情况下，行为变得冲动失控的状态。在网络心理问题中，最严重的是网络成瘾综合征。网络成瘾一般可分为网络交际成瘾、网络色情成瘾、网络游戏成瘾等。

（二）网络成瘾综合征的判断标准

网络成瘾患者最主要的表现是，由于过度使用互联网，导致个体明显的社会功能受到损害及心理功能受到损害。

美国心理学家杨格对于如何诊断网络成瘾，提出了10条判断标准。如果一个人在1年时间内出现4种及以上情况，便可以被诊断为患有网络成瘾综合征。

① 上网时全神贯注，下网后念念不忘"网事"。

② 总嫌上网时间太少而不满足。

③ 无法控制自己的上网行为。

④ 一旦减少上网时间就会烦躁不安。

⑤ 一上网就能消除种种不愉快情绪，精神亢奋。

⑥ 为了上网不惜荒废学业和事业。

⑦ 因上网放弃重要的人际交往、工作等。

⑧ 不惜支付巨额上网费用。

⑨ 对亲友掩盖自己频频上网的行为。

⑩ 一旦离开网络便有孤独失落感。

（三）网络成瘾的原因

1. 交往与被尊重的需求在网络世界里得到满足

现实生活中，由于同学间关系疏离或者不能正常与人交往，从而转向网络，在虚拟环境中寻求情感交流与情感宣泄。网络所提供的私密性，为挫败的现实交往打开方便之门，获得心理补偿。

2．可以缓解心理压力

通过与网友进行沟通和情感交流，获得安慰、支持，宣泄平时压抑的情绪，确实可以缓解心理的压力，成为排解压力的一个出口，但这种方法的危害是用一个更大的问题去解决一个问题。

3．可以获得成就感

很多学生迷恋网络游戏，是因为一些网络游戏的高技巧性和复杂性带给他们在现实生活中不易取得的成就感、力量感和自我满足感，并可以宣泄自己潜在的攻击性、愤怒乃至仇恨的情绪，但这些成就感只能加剧现实中的无助感。

4．满足青春期性的冲动与需求

生理机能的发展自然会产生性的冲动和欲望以及心理的需求，但因缺乏科学性教育的引导，他们不能从有效途径接受科学的性知识和心理调节，盲目地寻求感官刺激来补偿生活中的平淡，有的甚至频频光顾黄色网站而不能自拔。

（四）摆脱网络成瘾的自我调适方法

1．增强意志力

严格控制上网时间，设定强制关机时间，准时下网。

2．用转移和替代的方式摆脱网络成瘾

用现实中的愉快交往替代网络交友，用休闲娱乐方式转移注意力，比如，喜欢体育运动的人可以通过打球、跑步、下棋等方法有效地转移注意力。

3．培养健康成熟的心理防御机制

培养广泛的兴趣爱好和较强的适应能力，学会合理宣泄，正确面对挫折，形成成熟的心理防御机制，才不会一味地躲在虚拟世界中逃避现实。

4．建立良好的社会支持系统

学会寻求亲朋好友的帮助，建立一个积极的交往圈，主动从虚拟的世界回到现实中有效摆脱网络成瘾。如果成瘾较为严重，还可以寻求心理医生的帮助。

和网络成瘾说"再见"

网络世界可以开阔我们的视野，拓展我们的知识领域，闲暇时间还可以娱乐我们的身心，网络给我们带来益处的同时，也存在不少弊端。对于处在学习阶段的青少年来说，沉迷上网不仅会影响学业，还带给青少年极大的身体伤害；同时，因为学生抵御不了网络带来的形形色色的诱惑，对青少年的人生观、价值观和世界观的形成也构成潜在的不良影响。

网络诱惑永远都会存在，增强抵御网络诱惑的自制力，和网络成瘾说再见，是你迈向成熟的又一次自我成长。

下面是两棵"成长树"，一棵树代表网络带给你的好处或好心情，另一棵树代表网络带给你的困扰，把它们都写在成长树上，可以是一件事，也可以是几个关键词，写完之后对比一下，看看能得到什么启示。

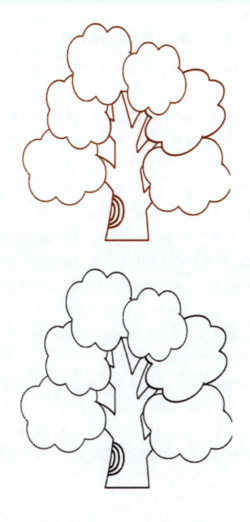

项目五　激发学习动机，享受学习乐趣

你是否曾为学习而苦恼过，那是因为你还没有享受到学习带来的快乐。曾经的你也许还没有找到合适的学习方法，也许还没有养成良好的学习习惯，那么从现在开始，请你认真思考一下未来，用知识提升你的人生高度，因为"只有知识才能改变命运"。

海伦·凯勒的励志故事

海伦·凯勒（1880—1968），美国著名女作家、教育家、慈善家和社会活动家。

她一岁半时，因发高烧导致双耳失聪，双目失明，又因无法学会说话，只能在黑暗中慢慢地摸索着长大。

七岁那年，父母为她请了家庭教师——莎莉文老师，在她耐心细致地指导下，海伦用手触摸学会了手语，摸点字卡学会了读书，并以坚强的毅力克服了重重困难，突破语言上的功能障碍而学会了说话。

此外，海伦还攻克了认识事物的难题。起初她几乎无法区分"杯子"和"水"。莎莉文老师就带着她到喷水池边，让清凉的泉水喷洒在海伦的手上，接着又在她的手心写下"water"这个词，从此海伦·凯勒就像开启了拥抱世界的大门。她后来回忆说："不知怎的，语言的秘密突然被揭开了，我终于知道水就是流过我手心的一种液体。这个'水'字唤醒了我的灵魂，给我以光明、希望和快乐。"

在莎莉文老师的爱和关怀下，海伦·凯勒创造了许多奇迹，不仅学会了读、写、说话，还以优异的成绩完成了大学学业。莎莉文老师把最珍贵的爱给了海伦，她又把这种爱通过她的故事、她写的书撒播到全世界。直到现在海伦·凯勒的事迹仍时时激励着每一个人，成为我们奋斗的动力。

海伦·凯勒的故事给了你怎样的触动？请从网上多搜集一些有关海伦·凯勒的事迹，这些事迹启发了你哪些人生思考？

一、认识"学习"

所谓学习，包括两方面的含义，一是学二是习，"学"是获取知识和技能，"习"是通过练习、操作等巩固知识和技能，进而领悟其中的道理。它对人的塑造是内外统一的，通过学习我们可以掌握广博的知识，可以提升个人的气质与修养。对于在校生而言，除了学习理论知识外，还要注重操作能力的培养，形成良好的职业素养。守匠心，铸匠技，只有创造性地迎接各种挑战，才能成就新时代的大国工匠。

学习能力是所有能力的元能力，我们可以从书本中学习，向前人学习，也可以向大自然和社会学习，只有站在巨人的肩膀上，才能看得更高，走得更远。要想跟上时代的步伐，学习是最有力的武器，"知识改变命运，知识就是财富"也绝不是空谈，因为学习可以让人头脑灵活、眼界宽阔、能力卓越，做一个爱学习、会学习、不断学习的人，才能让我们永远立于不败之地。

二、激发学习动机

1. 学习动机的内涵

学习动机是直接推动人进行学习活动的内驱力。学习动机一般表现为强烈的求知愿望，对未知世界的好奇心及兴趣，认真积极的学习态度等。根据学习动机的来源不同，学习动机可分为内部动机和外部动机。学习的内部动机来源于学生自身的兴趣、爱好等，它较为持久，且处于一种主动积极的学习活动状态。学习的外部动机则是由外界的诱因所决定的，它往往较为短暂，被这种学习动机所推动的学习活动也往往处于一种被动状态而无法持久。

2. 激发学习动机

学习兴趣和好奇心是学习动机的核心要素，也是激发学习动机的基础。学习动机的激发是把自己已经形成的、潜在的学习动机充分调动起来。对于学生而言，如何有效地激发学习动机？

① 主动接受学习的挑战。

② 学会调动自身内部的学习积极性。
③ 学会利用外界因素调动学习的积极性。
④ 学会自我鼓励，自我奖励。
⑤ 主动寻找一位学习监督员。
⑥ 及时总结经验并制定改进的策略。

三、团体活动——读书会

主持人：老师

分　　组：每6人一组，男女生各半，由主持人随机分组。

热身活动：盲人过马路

① 每个小组选出一名同学扮演盲人，戴好眼罩，确保完全看不到。

② 在"马路"上放三个凳子作为障碍物。

③ 每组选出一名同学设计盲人过马路的路线，路线设计好后，盲人必须严格按照这个路线过马路。

④ 盲人出场时，由其他组的成员领着他转三圈后再开始过马路，同组的成员可以用语言指示他怎么走，但不能触碰他。

⑤ 最终盲人过马路用时最短的队为胜方。

主题活动：读书会

① 每组发一张绘图纸，两支签字笔。

② 选出队长，在队长的带领下，给自己的小组起队名、选口号、设计队徽，这些都要写在绘图纸上。

③ **任务一**：阅读海伦·凯勒的励志故事或阅读其他名人的励志故事。可以每个人单独阅读，也可以小组成员同时阅读。然后，小组内选出一名同学代表本组参加全班朗诵。被选出的同学一人读一段，要求声情并茂。由老师点评哪个队朗诵得最好。

④ **任务二**：读了海伦的故事给了我们很多启发，以"海伦""盲人"为中心词进行头脑风暴。用思维导图的形式把你的感悟记录下来，思维导图的形式可以

仿照书中知识树的形式，也可以自己设计。

⑤ 最后由队长带领组员展示分享每组的作品。

通过阅读励志故事，又以"海伦""盲人"为关键词进行了头脑风暴，你对自己的人生有了哪些新定位？试着给自己制订一个终身学习的计划吧！

智慧背囊

有时看到的一件事,听到的一句话也许会让你产生很多的联想,启发你做出正确的判断或选择。请随时记录发生在你身边的让你有所感悟的事情。你的领悟越多,你的智慧背囊就会越来越充盈,越来越丰富。

我的智慧背囊

事　件	领　悟

生命篇

自然科学研究有三大难题,
第一个是宇宙的起源,
第二个是生命的起源,
第三个是大脑的起源。
生命是神圣的,也是神秘的。
珍爱生命,感恩生命,是我们每个人的责任。
生命不仅仅是活着,争取创造出生命的价值,
是我们每个人的使命。

项目一　珍爱生命，敬畏生命

生命是美丽的，世界因生命的存在而美好；生命是宝贵的，因为每个人的生命只有一次。我们没有权利剥夺生命的存在，保护好生命是我们每个人的责任和使命。

案例一：2017年12月的一天，江西宜丰警方对外通报一起坠楼身亡事件，宜丰某中学高二女学生刘某于某日凌晨，被发现于学校宿舍楼前坠亡。初步调查案发前因刘某上课玩手机，老师通知其父母到学校将手机收回，刘某父母到学校对刘某进行了教育。之后，刘某上完晚自习返回寝室，于第二日凌晨被发现于宿舍楼前坠亡。

① 看完这则报道，你的心情是怎样的？
② 如果这名女生没有死，你想对她说点什么？
③ 想象一下她的家庭因为她的离去会变成什么样子？

案例二：生命有多脆弱就有多坚强——汶川地震中的生命音符

故事一：一个小女孩儿，从废墟中被挖了出来，她的双腿都被砸断了，双手也被砸伤，从被挖出来到送到救助站的过程中，她始终没哭一声，在大家挪动她时她也只是咬了咬嘴唇，微笑着对大家说："要勇敢！"人们说，这是地震中"最美丽的微笑"。

故事二：面对突如其来的灾难，北川中学的廖波同学始终坚强面对。他在地震中失去了左小腿，但他活了下来，病床上的他始终面带着充满希望的笑容，那是因为他又重新获得了一次生的机会，而这个机会让他的生命在未来充满着无限的可能。

对比上述两个案例，你对生命有了哪些新的理解，不妨说说你的看法。

一、认识生命

生命的属性分为生理生命、心理生命和社会生命三方面。心理生命指的是人的精神生命，它超越了人的生理生命，使人与动物区别开来。社会生命则分为以下三个层面。

1. 生命属于自己

生命属于自己，我们每一个人都在描绘着自己的生命蓝图，书写和改变着自己的命运。你想拥有什么样的人生，你想选择什么样的人生道路，每个人都是自己命运的主人，拥有对生命选择的自主权。

2. 生命属于父母

生命还属于我们的父母，我们的生命是父母给予的。从我们呱呱落地，一点一滴的成长都离不开父母的细心照料。当我们长大成人，他们仿佛看到了自己亲手栽种的小树苗茁壮成长，是他们付出心血培养我们长大。

3. 生命属于社会

生命属于社会，因为社会培养我们长大成才。我们身边的朋友、老师、长者甚至不认识的陌生人，都是给予我们生命成长帮助和支持的人，我们的成长离不开社会大环境的滋养。

二、尊重生命

生命是神圣的，尊重生命就是要珍惜生命的存在；生命是平等的，尊重生命就是要维护生命的权利；生命是唯一的，尊重生命就是要尊重生命的个性。

1. 珍惜生命的存在

珍惜生命的存在，是对生命最基本的尊重。生活中会遇到各种各样的挫折，有些挫折甚至是灾难性的。但生命不应惧怕这些崎岖坎坷，坚强面对挫折，寻找生命的美好，活下去，是尊重生命的最好诠释。

2. 活出生命的精彩

人的生命是有限的，我们要利用有限的生命创造出无限的价值。人生绝不是从零归于零的旅程，就好像我们沿着一个圆形的沙滩奔跑，跑了一圈又回到起点，但沙滩上却留下了一串串脚印，那是生命的印记，是生命给世界留下的美丽。

三、敬畏生命

1. 生命的特点

① 生命的不可逆转性。从胚胎开始，人生开始启程，出生、成长、衰老，最后走向死亡。它既不会"时光倒流"，也不会"返老还童"。

② 生命的不可再生性。生命，对于每个人来说都只有一次，一旦结束便彻底消逝。

③ 生命的不可交换性。生命为个体所私有，无法互相交换，彼此不可替代。

2. 敬畏生命

敬畏生命，既需要对生命有敬，也需要有畏。每个人对待生命都要肃然起敬，由敬生畏，才能对生命形成敬畏之心。任何人都不能轻视和亵渎生命，更不能拿生命开玩笑。

我们谈敬畏生命，不仅要珍惜自己的生命，还要尊重他人的生命，以及每个生命的差异性。平等地对待一切生命体，敬畏"我"和"我"之外的一切生命，这是人类文明进步的体现。

四、团体活动——感悟生命的宝贵

主持人：老师

分　组：每6~8人一组，参加活动的同学随机组队。

热身活动：兔子与乌龟

全体同学围圈而站。每位同学伸出左手，手心向下，同时伸出右手，食指向上。相邻的两个同学，一个人的右手的食指顶在另一个人左手的手心上。主持人讲《龟兔赛跑》的故事，每念到"兔子"或"乌龟"的时候（由老师自己决定使用哪个词），成员要设法左手抓，右手逃，看谁的动作既准确又迅速。

故事原文：有一天，兔子和乌龟比赛跑步，兔子嘲笑乌龟爬得慢，乌龟说："总有一天我会赢的。"兔子很轻蔑地说："那我们现在就开始比赛吧！"乌龟答应了，兔子大声喊道："比赛开始！"兔子飞快地跑着，乌龟拼命地爬着。兔子看着被远远甩在后面的乌龟，先去睡觉了。乌龟一刻不停地爬行，爬过兔子睡觉的地方，兔子正打着呼噜。当兔子醒来的时候，乌龟已经到达终点了。

主题活动：感悟生命的宝贵

① 每组发一张绘图纸，两支签字笔。

② 选出队长，在队长的带领下，给小组起队名、选口号、设计队徽，这些都要写在绘图纸上。

③ 第一轮展示各队的设计成果。

④ 由主持人给出讨论内容：

a.你是怎样理解生命的？你对生命的态度是什么？请将关键词写在绘图纸上。

b.试着举出一些珍惜生命的例子，说说这些事例中让你感动的地方。

c.你认为怎样做才是珍惜生命？

⑤ 分享收获：各组学生代表分享活动收获。各队长代表本队分享收获，并作总结性发言。

人的生命只有一次，生命何其珍贵。通过从上内容的学习，相信你对生命有了更深的理解，那就和生命进行一次深刻的对话吧，告诉它，你会好好地珍惜它。

项目二　尊重生命，感悟生命

静静聆听《生命交响曲》，它将生命的乐章谱写在每个音符里，欢快与忧伤相伴，激情与平淡相随，这是生命的写照。

有人说，生命里有母亲的慈爱、父亲的严厉、爱人的柔情、朋友的关切，生命是世上一切情感的载体。

生命，这个时常被人们挂在嘴边的词语，抽象而具体。有了生命才有了这个丰富多彩的世界。生命到底是什么，我们该如何认识和尊重它，这一生到底怎样度过才算有意义？

生命犹如在大海中航行的小舟，随时面临突如其来的疾风暴雨，我们该如何应对生命中的这些难题，让我们一起来尊重生命、感悟生命。

认识尼克·胡哲——聆听生命的乐章

1982年12月4日，尼克·胡哲出生于澳大利亚墨尔本，是"没有四肢的生命"（Life Without Limbs）组织的创办人，著名的残疾人励志演讲家。

他生来就没有四肢，只在左侧臀部以下的位置有一个带有两个脚趾头的"小脚"。身体的严重残疾，给胡哲的成长带来了巨大的困难，小时候生活无法自理，需要他人的照顾。当他第一天去上学，又因为身体的残疾饱受同学的嘲笑和欺辱。随着年龄的增长，胡哲开始慢慢懂得自己的身体异于常人，他觉得自己像个怪物，曾试图想把自己溺死在自家的浴缸中，但没有成功。在他的成长过程中，他的父母从未放弃过他，父亲在他很小的时候就教他用身体仅有的"小脚丫"打字，母亲为了让他学会"握笔"写字，还为他特制了一个塑料装置，以帮助他握住笔。胡哲的每一步成长都面对重重考验，尽管面对巨大的困难，在父母的鼓励下胡哲都能坚强面对。

身残志坚的胡哲，在完成了大学学业后，开始了他的励志人生，在他的生命乐章中弹奏出跳跃的音符。他先后录制了《生命更大的目标》《我和世界不一样》《神采飞扬》等DVD作品，还出版了自传体图书《人生不设限》《永不止步》和励志类图书，如《坚强站立：你能战胜欺凌》《谁都不敢欺负你》等。他经常举办巡回演讲活动，在世界范围内用自己的事迹激励着无数有志之士和莘莘学子，为年轻一代"点亮未来"，告诉年轻人"人生不设限"。

励志名言

尼克·胡哲

① 你不能放弃梦想，但是可以改变方向，因为你不知道在人生的拐角处会遇到什么。

② 人生最可悲的并非是失去四肢，而是失去生存的希望和目标。

③ 人们经常埋怨什么也做不来，不去珍惜所拥有的，而是抱怨那些无法拥有的，那生命就只能停留在欠缺中。真正改变命运的，并不是我们的机遇，而是我们的态度，态度决定高度。

④ 人生的遭遇难以控制，有些事情不是你的错，也不是你可以阻止的，但你能选择的不应是放弃，而应该是继续努力争取更好的生活。

⑤ 上帝在我的生命中设计了一个计划，它要通过我的故事点亮他人的希望。

⑥ 笑看人生，没手，没脚，没烦恼。

⑦ 如果你失败了，至少还可以站着。

⑧ 如果发现自己不能创造奇迹，那就努力让自己变成一个奇迹。

⑨ 失败不可怕，坚持尝试，成功就在不远处等着你。

读完尼克·胡哲的励志人生故事，你此时的心情和感受是怎样的呢？对生命有了哪些感悟？我想你一定有很多的话想说。

生命篇

一、认识生命价值

人的生命价值，是指超越自身的生命，有意识地主动驾驭自己的生命活动，去实现自我价值，用有限的生命谱写出永恒的生命乐章。

1. 人的生命价值在于生命本身的存在

先有生命再有价值，生命本身是第一位的，没有了生命，价值也就无从谈起，人的生命本身就是人最真实、最可靠的价值。

2. 生命的价值表现在对生命本身的超越

人之为人，在于追求个人生命价值的实现，把人自身从自然中超越出来，学习"做人"，实现自我完善。不断超越生命个体的有限性。

3. 生命的价值体现在社会实践活动中

只有人能够在实践活动中有意识地主宰自己的意志，以达到自己的理想。一个人不可能离开社会而独立存在，生命的价值必须融入为人类造福、为社会做贡献的活动中，同时，人的社会性本质决定了人只能在交往实践中获得给予感，而给予感才是真正意义上的幸福。人的价值在于奉献，而不在于索取，做一个有益于人民的人，有益于社会的人，才是自己生命价值的所在。

二、生命价值的超越表现

人的生命价值源于自然生命，又超越自然生命。生命价值的超越表现在以下几个方面。

1. 精神性对生物性的超越

人不是一个纯动物性的存在，而是作为一个社会人受到精神性的支配。

2. 对有限生命的超越

人的生命是有限的，将有限的生命投入到无限的生命价值的追求中，实现对有限生命的超越。

3. 对现实的超越

人们生活在现实中，但理想是超现实的，为了实现人生的价值人们总是孜孜不倦地追求，完成着一个又一个对现实的超越，正是因为对现实的超越，人类才能推动着社会快速地发展与进步。

4. 对自我的超越

人自身的不完美，往往会限制其目标的完成与理想的实现，而这种不完美激励着人们去不断超越自我，为超越自我而奋斗的人生也会更精彩。

保尔·柯察金说过："人最宝贵的是生命，生命对于每个人只有一次，一个人的生命应该这样度过：当他回首往事时，不因虚度年华而悔恨，也不因碌碌无为而羞愧。这样，在临死的时候，就可以自豪地说：'我把整个生命和全部精力都献给了人类最壮丽的事业——为人类解放而斗争'。"

做一个对国家、社会有贡献的人，不虚度年华，不碌碌无为，敬业乐业，为自己的人生书写壮美的篇章。

三、团体活动——感悟生命的意义

主持人：老师

分　　组：每6~8人一组，参与的同学随机组队。

热身活动：人体多米诺

① 活动场地选在室外草坪，在老师的指导下，由各队长讨论设计"人体多米诺"图案，要求全班同学组成一个整体多米诺。

② 队长安排小组成员按设计方案坐在草坪上，完成整体的多米诺图案。活动过程中，可以允许微调图案，以做到最优效果。

③ 老师宣布活动开始，各组展示设计成果。

主题活动：感悟生命的意义

① 每组围坐在草坪上。在队长的带领下，给自己的小组起队名、选队歌、设计口号。

② 第一轮展示设计成果。

③ 由主持人给出讨论内容：

a.想一下你认识的或是了解的人中，谁的人生很有价值，小组内分享一下他（她）的故事。

b.你希望你的人生是怎样的？和小组内的同学说一说。

④ 分享收获：各组学生代表分享活动收获。各队长代表本队分享收获，并作总结性发言。

有关生命的意义,在团体活动中你想到了哪些?还有哪些是活动之后又想到的?你是怎样理解生命价值的?

项目三　战胜挫折，创造美好人生

古往今来，许多名人志士无不历经挫折后成就了不平凡的事业。面对失聪，贝多芬顽强拼搏，发出"我要扼住命运的咽喉"的呐喊，终成一代"乐圣"；面对一次次的失败，爱迪生坚持不懈，发出"我已找到一千多种不适合做灯丝的材料"的乐观心声，终于给世界带来了光明；面对仕途苦闷，苏东坡壮心不已，写下"大江东去，浪淘尽，千古风流人物"的激扬文字，在挫折中走向豪迈。是挫折，在他们平静的理想之湖激荡起美丽的浪花；是挫折，让他们的心灵之曲奏出雄壮的旋律。

助蛹成蝶

草地上有一个蛹，被一个小孩发现并带回了家。过了几天，蛹上出现了一道小裂缝，里面的蝴蝶挣扎了好长一段时间，身子似乎被卡住了，一直出不来。天真的孩子看到蝴蝶在蛹中痛苦挣扎的样子十分不忍，于是，他便拿起剪刀把蛹壳剪开，帮助蝴蝶脱蛹出来。然而，由于这只蝴蝶没有经过破蛹前必须经历的痛苦挣扎，以至出壳后身体臃肿，翅膀干瘪，根本飞不起来，不久就死了。

这则小故事带给我们怎样的启示？

一、认识挫折

挫折是指人们在有目的的活动中，遇到无法克服或自以为无法克服的阻碍，使其需求或动机不能得到满足的情况。心理学给出的定义，指个体有目的的行为受到阻碍而产生的情绪反应。

人们产生的任何心理挫折，都与当时所处的情境有关。造成挫折的因素分析起来主要有两大类，一类是外在的客观因素，另一类是内在的主观因素。

二、学会归因

人们在遭遇挫折或者收获成功的时候，都会很自然地去寻找原因，如何找原因，和个体的归因习惯有关系，这种习惯对个人来说是非常重要的。合理的归因会促进个体科学地调整自己的行为，而不合理的归因则会让个体逃避或者忽视问题，使问题得不到解决。

一个人的成功或失败通常可以归因为四个方面的因素，即努力、能力、任务难度和机遇。对于成功和失败的不同归因，会直接影响今后的行为。成功时不能只归因于自己的努力，而失败时就归因于外部的环境，这样虽然可以降低人们的挫败感，但不利于一个人的成长，因此，要学会客观的归因，不要害怕承担责任。

三、战胜挫折

挫折会使一个人增长经验，也会使一个人产生习得性无助，变得精神不振、缺乏勇气而不敢面对现实，因此我们需要战胜挫折，将它转化为成功的动力。

1. 正确对待挫折

我们必须认识到一点，人的成长历程不是一帆风顺的，事物的发展变化是一个在曲折中前进的过程。我们要有遇到挫折和困难的心理准备，保持良好的心态，接受挫折，迎接挑战。

2. 提高应对挫折的能力

人在挫折的环境中，会表现出情绪低落、意志消沉等心理现象，如何让自己尽快地走出来？首先要让自己明白此时你正处于挫折中，并且告诉自己"你能够走出来"；然后提高适应环境的能力，学会分析目前的状态是哪里出了问题，并迅速进行调整，调整要从外在和内在两个方面着手；最后要学会冷静思考问题，有时冷静思考会让我们找到补救或是解决问题的方法。

3. 改变自己的认知

人们不合理的或错误的认知可能会导致不良行为或症状的出现，当人们陷入这种非理性思维不能自拔时，就会因自身观念而产生很多的心理困扰。通过理性分析和逻辑思辨，改变头脑中的非理性观念，换一个角度看问题，问题也许就会迎刃而解。

4. 学会向心理咨询老师或生活指导老师求助

心理咨询是近几年在学校兴起的新生事物，它通过提供多种形式的咨询服务，以提高学生的心理素质，提升学生的心理健康水平，预防、矫治各类心理疾病。许多学生在心理咨询老师或生活指导老师的心理疏导下，更快地战胜了挫折，摆脱了烦恼。

挫折的存在给生活增加了很多的调味品，如果没有了挫折，生活也就变得平淡无味。如果成功是我们梦寐以求的那朵红玫瑰，那么挫折就是它遍布全身的木刺；如果成功是果实成熟后的甜美，那么挫折就是它成熟前的酸涩。挫折就好比是一级一级的台阶，将我们送上成功的高台，挫折就是我们生命中舞起的一朵朵浪花。

拓展阅读

习得性无助

"习得性无助"是美国心理学家塞利格曼于1967年在研究动物时提出的。他用狗进行了一项经典实验，起初把狗关在笼子里，只要蜂音器一响，就给狗以难受的电击，而狗被关在笼子里躲避不了电击。多次实验后，蜂音器一响，在给电击前，实验人员先把笼门打开，此时这只狗非但没有逃跑，反而是不等电击出现就先倒在地上开始呻吟和颤抖。狗本来可以主动逃跑，现在却绝望地等待着痛苦的来临，这就是"习得性无助"。

如果一个学生屡次考试不及格，久而久之他就会对学习失去信心，甚至产生厌学情绪。上课不听讲、走神、扰乱课堂纪律、课后不完成作业等，这些都是习得性无助的典型表现。习得性无助还表现为低成功动机、低自我概念、消极定势、低自我效能感等。

对于习得性无助，重新找回成就感是最有效的解决办法。如何找回成就感呢？试着从小事做起，不断积累"成功体验"。

在以往的生活和学习中，相信你已经总结了很多战胜挫折的经验，说说你都用过哪些方法，战胜了哪些挫折呢？

项目四　学会感恩，感受生活的美好

"慈母手中线，游子身上衣。临行密密缝，意恐迟迟归。谁言寸草心，报得三春晖。"这首诗表达了作者对母亲的怀念与感恩。感恩父母，是他们给予我们生命；感恩老师，是他们传授我们知识；感恩朋友，是他们在成长的路上陪伴我们；感恩祖国，是她让我们在世界上挺直了腰杆；感恩大自然，是它给予我们一个和谐的生活环境……

母亲的爱

在汶川地震中，一位母亲在房屋倒塌的瞬间，用身躯保护住了自己不足四个月大的孩子，当救援人员发现时，看到母亲的身躯一直保持着保护孩子的姿态，身下正睡着毫发未伤的女儿，而母亲却永远地停止了呼吸。

女孩儿的小裤子里有部手机，上面有条写好而未发出的短信："亲爱的宝贝，如果你能活着，一定要记住我爱你。"

① 看完这则故事，你是怎样的心情？
② 同学间聊一聊你们自己的妈妈吧。

一、认识感恩

1. 感恩的概念

感恩是指当个体感受到他人给予的恩惠的时候，对施惠者（他人、社会、自然等）表现出的某种积极的认知、情感及行为反应。

2．感恩的分类

（1）依据感恩的状态，可以将感恩分为特质感恩和状态感恩。

① 特质感恩，是个体能够认知到他人给予的恩惠，并且产生正性反馈，它是一种稳定的倾向，具有跨情境性。

② 状态感恩，是个体在得到帮助后产生的短暂感恩情绪，它能够促进报答行为。

特质感恩与状态感恩不同之处在于，特质感恩表现为一种人格特质，是稳定的，不随情境的改变而改变；而状态感恩则是一种情绪体验，它与特定的情境有关，具有短暂性和不稳定性。

（2）依据感恩的对象，可以将感恩分为感恩父母或亲人、感恩老师、感恩朋友、感恩祖国或社会、感恩大自然等五类。

二、懂得感恩

培养感恩之心，从现在开始。在每个人的成长道路上，都会得到很多人的帮助，对于这些帮助，你是否能感知到，进而产生正性反馈呢，这不是人人都能做到的，感恩之心需要培养。父母是我们首先要感恩的人，你是否发自内心去理解过他们，体会过他们养育你的辛苦，滴水之恩当涌泉相报，你是否真地懂得里面的道理。如果你之前做得不好，或是没有这方面的意识，从现在开始，你需要认真体会爱，并学着去回报得到的爱，让感恩与爱同行。

三、学会感恩

1．养成感恩的习惯

每天清晨起来，用心体会一下身边的美好，父母的爱、老师的谆谆教导、朋友的关心……每天吃饭拿起筷子时，感谢大自然赐予我们一粥一饭；感谢同学帮你拾起掉在地上的一支笔；感谢在球场上同学帮你递过来的一瓶水……一点一滴地体会，感恩的习惯就会慢慢养成。

2．学会表达感恩之情

如果别人向你表达谢意，你一定会很开心，所以，当别人给你帮助，你也要把你的感激之情表达出来。除了语言表达，还要学会用不同的方式表达你的谢意，比如致谢的小纸条、致谢的短信、感谢的微笑、感激的拥抱等。

3．用实际行动去感谢他人

留心一下他人，看看他喜欢什么，或者需要什么，然后帮他们做点什么。做一件小小的善事来回报和帮助他人。有时小小的礼物也能起到良好的感恩效果。如果你是个感性的人，那么就设计一个意外的小惊喜来表达你的感激之情吧。

4．感恩清单

善于记录你得到了哪些帮助，会让你感受无比的幸福。感恩清单记录得越多，你的幸福感就越强。每过一段时间，将清单拿出来感受一下，也顺便检查一下自己的感恩之举是否已经实现，人与人之间才会变得亲密融洽。

5．感恩"不幸"

发生在你身上的事情，无论好坏都会变成财富，在之后的某一天里给你以帮助或提示。感恩一切，包括不幸，是它们让生命多姿多彩。

6．不攀比也是一种感恩

人难免受到一些不良外部环境的影响而诱发攀比心理，比如追求高标准物质享受等。有些学生因为家庭经济条件不如别人而变得自卑，甚至抱怨父母，这些思想和心理都是需要摒弃的。我们无权评价上一辈的人生，但我们有能力把握自己的未来。不能为了攀比给父母带来更重的经济负担，相反要通过我们自己的努力来改善他们的生活，让父母因你的优秀而骄傲。

四、团体活动——感恩与爱同行

主持人：老师

分　组：每6人一组，参与的同学随机组队，男女各半。

热身活动：捏肩捶背

全体同学围成一圈，在老师的号令下转起来，后面的同学给前面的同学捶捶背，一边捶一边感谢前面的同学曾经因为什么帮助过你。然后再反向转过来，后面的同学为前面的同学捏捏肩，同样的一边捏一边将感谢的话说给前面的同学听。

主题活动：温暖的抱抱

① 大家面对面站成一个圈，双臂作环抱状抱住自己。

② 随着老师的指令，做深呼吸放松。

③ 老师用引导语引导学生感恩父母、老师、同学、朋友、大自然……

④ 老师将放松中的学生唤醒。

⑤ 在感恩活动之后，每位同学先在白纸上列出自己的感恩清单，然后各小组成员一起完成全组的一份感恩清单（感恩清单样式见后）。

⑥ 最后，各组展示分享小组的感恩清单。

⑦ 分享收获：各组学生代表分享活动收获。各队长代表本队分享收获，并作总结性发言。

感恩清单

人生道路曲折坎坷，在你需要帮助的时候，有人向你伸出温暖的双手，解除生活的困顿；有人为你指点迷津，让你明确前进的方向；有人用肩膀把你擎起，让你攀上人生的高峰……

请随时记录你的感恩清单，永远记住、感恩那些帮助过你的人！

我的感恩清单

感恩对象	感恩事件	恩情回馈

通过这部分内容的学习，你觉得自己在哪些方面做得还不错，哪些地方做得还不够好？记录下来，试着一点点去改变吧。

职业篇

每一个人都要进入职场，成为职场人。
社会高速发展，职场你追我赶，机会稍纵即逝。
科学的职业规划、良好的职业意识、正确的职业价值观，
是职场人士的成功要素。
根据自身的特点，选择职业，规划人生，
走出精彩的每一步。

项目一　规划职业，精彩人生

人的一生在漫漫的历史长河中是短暂的，但对于每个人，一生又是漫长的。如果不对这漫长的一生进行规划，走一步算一步，过一天算一天的话，不要说我们无法掌握自己的命运，就连明天或是下一秒要做什么，都是盲目的。如果我们的一生在盲目中度过，那我们的生命价值就无从谈起。如何才能让自己的人生散发光彩，把自己的潜能发挥出来，塑造一个最好的自己呢？

我的同学A

三十六年前，我和我的同学们一起考进了县城一中，在这个班里，有个其貌不扬的男生A，他学习成绩中等偏上，性格随和。他有个理想："我将来一定要去攻读博士后。"我们虽不会当面嘲笑他，但心里却想："你这样也能成为博士？！"后来我们各自去上大学，他考上了一所普通的医科大学。之后，大家也各忙各的，早就把这个人忘记了。

五年前，大家开始用微信互相联系。突然同学A给大家发了一条问候的消息，附了几张他的生活照，我们发现他真的实现了他的梦想。后来了解到他当时虽然没有考取名牌大学，但他没有放弃理想，大学毕业后又攻读了硕士、博士和博士后，再后来出国学习。就这样，他一步一个脚印，从不张扬也从不气馁，始终朝着自己的目标努力前行，最终取得成功。

规划自己的人生是多么重要，你体会到它的重要性了吗？

一、认识人生规划

（一）人生规划的定义

人生规划，就是一个人根据社会发展的需要和个人发展的志向，对自身有限的资源进行合理配置，对自己未来的发展道路做出的一种预先的策划和设计。人生规划的目的就是要实现自己的人生目标。

（二）人生规划的内容

人生规划是对整个生命过程进行的规划，它既包括生活规划、学习规划和职业规划；也包括情感规划（爱情、亲情、友情）、健康规划、晚景规划和幸福规划；除了具体的规划外，还有近期规划和长远规划等。

二、认识职业规划

根据中国职业规划师协会给出的定义，职业规划是对职业生涯乃至人生进行持续的系统的计划的过程，一个完整的职业规划包括职业定位、目标设定和通道设计三个要素。

职业规划是指个人与组织相结合，在对一个人职业生涯的主客观条件进行测定、分析、总结的基础上，对自己的兴趣、爱好、能力、特点进行综合分析与权衡，结合时代特点，根据自己的职业倾向，确定其最佳的职业奋斗目标，并为实现这一目标做出行之有效的安排。

职业规划是人生规划的一部分，职业并不是人生的全部，但它却是人生重要的组成部分。对于处在学习阶段的学生来说，先要学会职业规划，才能为将来做好人生规划打好基础。

三、制定职业规划

1. 确定清晰的职业定位

职业定位，就是明确一个人在职业上的发展方向。如何确立清晰的职业定位，对于每一个人来说不是一件容易的事。你可以试着问自己一些这样的问题,"我喜欢做什么?""我经常会留意到什么?""我经常会去参加哪些社会活动?""我喜欢看哪一类书?""我对哪些事感兴趣且做起来得心应手?"等,把每个问题的答案一一写下来,越多越好,最后你会发现,你希望得到的答案已经跃然纸上。

2. 制定详细的个人学业发展计划

学业发展计划与职业发展计划应相辅相成。首先制定一学期的学习计划,然后是一年、两年、整个在校阶段的学习计划,既包括理论学习,也包括实践操作学习,制定得越详细越好。学习计划中要体现用怎样的学习方法实现怎样的具体目标。

3. 学会认识自我

学习和培养认识自我和发展自我的能力非常重要。除了平时主动留意自身的特点外,通过学习并使用一些测评工具,来认识自我也不失为一种好方法。同学们可以通过以下几种测评工具来认识和了解自己,如霍兰德兴趣量表、职业锚测试、生涯兴趣测验、MBTI职业性格测试等。

4. 学会运用SWOT分析法确立职业目标

如何确定自己的职业目标,需要对内部环境、外部环境、自身的优势、劣势等进行综合的考量,而SWOT分析法为职业目标的选择提供了很好的方法。

5. 学会调整职业规划

职业规划往往是基于特定的社会环境和个人条件而制定的,而外部环境和条件是会发生变化的,因此职业规划也需要根据情况在一定的范围内进行适当的调整、更新和发展。你是它的创造者,当然也是它的修订者。

6."心动"不如"行动"

只有良好的动机没有行动,再好的规划充其量也只是个梦想。如何迈出第一步,需要勇气也需要能力,同时也需要机遇,而勇气、能力和机遇都不是等来的,是在行动的过程中不断培养和创造出来的。只有通过行动,才能验证规划是否合理,哪些是需要坚持的,哪些还需要不断调整。

SWOT分析法

SWOT分析法，也称波士顿矩阵，是Strength（优势）、Weakness（劣势）、Opportunity（机会）、Threat（威胁）的缩写。它经常被用于企业战略制定、市场营销管理、竞争对手分析等，从优势、劣势、机会和威胁四个方面对企业进行评估和分析，以做到知己知彼。

随着SWOT分析法的广泛运用，它的精髓内容也被运用到职业目标的选择中。作为一名准职业人，我们学习并利用SWOT分析法进行职业目标的分析：以表格的形式，先将自己的优势、劣势、机会、面临的威胁等因素先一一列出来，然后再进行综合的考量。经过自我剖析和挖掘后，你会发现自己的思路比以前更清晰，尤其是考虑问题的视角变得更开阔。在职业目标的选择中，不再只是局限于自身兴趣的选择，而学会更加全面地分析自己。这样可以使我们做到心中有数，不至于在问题和机会面前表现得无所适从，不知所措。

SWOT分析表

我的优势（S）分析	我的劣势（W）分析	我的机会（O）分析	我面临的危机（T）分析
个体可控并可利用的内在积极因素： 1. 系统的专业训练； 2. 丰富的社会实践经历； 3. 必要的职业资格证书； 4. 特定的可转移能力（如沟通等）； 5. 人格特质（如创造性、乐观等）	个体可控并努力改善的内在消极因素： 1. 缺乏工作经验； 2. 专业不对口； 3. 对职业环境认识不足； 4. 求职技巧不够娴熟； 5. 负面的人格特质（如情绪化等）	个体不可控但可利用的外部积极因素： 1. 经济发展导致就业岗位增加； 2. 新职业的产生； 3. 专业领域对人才的需求； 4. 地理位置的优势； 5. 再教育的机会	个体不可控但可使其弱化的外部消极因素： 1. 不符合该企业的招聘条件； 2. 相同专业应聘者之间的竞争； 3. 有技能有经验的竞争者； 4. 掌握求职技巧的竞争者； 5. 名牌大学毕业的竞争者

四、团体活动——用SWOT分析法规划职业

主持人：老师

分　　组：每6人一组，参加活动的同学随机组队。

热身活动：学唱一首励志歌曲《步步高》

《步步高》歌词

没有人问我过得好不好，现实与目标哪个更重要

一分一秒，一路奔跑，烦恼一点也没有少

总有人像我辛苦走这遭，孤独与喝彩其实都需要

成败得失，谁能预料，热血注定要燃烧

世间自有公道，付出总有回报

说到不如做到，要做就做最好

世间自有公道，付出总有回报

说到不如做到，要做就做最好，步步高

主题活动：用SWOT分析法规划职业

① 每组发一张绘图纸，每人发两张A4纸。

② 在队长带领下，给自己的小组起队名、选口号、设计队徽，这些都要呈现在绘图纸上。

③ 展示各队的设计成果。

④ 分组学习、讨论SWOT分析法。各小组共同完成一份SWOT表格。

⑤ 各组展示并分享SWOT表格。

⑥ 分享收获：各组学生代表分享活动收获。各队长代表本队分享收获，并作总结性发言。

通过小组活动，你学会用SWOT分析法确立职业目标了吗？现在试着独立完成一份SWOT分析表，然后记录一下你的学习体会与收获。

生命清单

约翰·戈达德是著名的人类学家、探险者和冒险家。当戈达德还是个孩子的时候，他就列出一份生命清单，写下了一生中想实现的127个人生具体目标。节选其中几个目标（其中★表示已经实现的，☆表示未实现的）：

☆ NO.38 Visit every country in the world（造访世界每个国家和地区）

★ NO.39 Study Navaho and Hopi Indians（学习印第安语和霍皮语）

★ NO.40 Learn to fly a plane（学习驾驶飞机）

★ NO.80 Play flute and violin（学吹长笛和拉小提琴）

★ NO.81 Type 50 words in a minute（一分钟内打字50个）

约翰·戈达德（1924—2013），倾尽毕生努力完成了这127个人生目标中的113项，非常了不起。在他的这份生命清单中，有一些是比较寻常和比较容易的人生目标，但大多数人生目标是常人难以实现的。

我的生命清单

我的目标	如何完成目标	完成目标时间

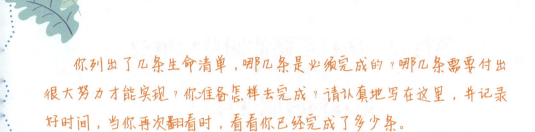

你列出了几条生命清单，哪几条是必须完成的？哪几条需要付出很大努力才能实现？你准备怎样去完成？请认真地写在这里，并记录好时间，当你再次翻看时，看看你已经完成了多少条。

_____

_____

_____

_____

_____

_____

_____

_____

_____

_____

项目二　树立正确的职业价值观，培养良好职业意识

职业价值观深深地影响着我们的职业选择、职业态度和职业幸福感，正是因为职业价值观的不同，即将走上职业道路的同学们会奔向各不相同的岗位，寻找一份自己觉得满意的工作。多年观察下来，出现一个很有意思的现象，即便两个人选择了同一份工作，从同一个起跑线上开始，若干年后，两个人的表现和成就会出现很大的差异，这是为什么呢？希望同学们能从这个项目的学习中找到答案。

 课前导入

彼得升职记

彼得和舒克两人一起没了工作，正巧某酒店招采购员，舒克不喜欢这份工作，但苦于没有收入，就和彼得一起去应聘。彼得觉得和外界打交道的工作，他会做得得心应手，而舒克更喜欢安静的、与外界打交道少的工作。两人都得到这份工作。就这样半年过去了，一天老板给彼得升了职，担任这个部门的主管，舒克很不服气，来找老板理论："我和他一起来应聘，而且每天你交给我们的工作一样多，为什么给他升职而我没有？"

老板没有和他争辩，说道："这样吧，明早你和彼得一起来我的办公室。"第二天早上，两人一起来到办公室，老板让他们两人到市场上去调查一下土豆的市场行情。一会儿舒克就回来，报告老板，他跑遍了市场，没有一家卖土豆的。"那洋葱的价格呢？""不知道"，舒克又跑回市场，了解了洋葱的价格，累得上气不接下气，老板说："好吧，你先坐下来休息一会儿。"快到中午的时候，彼得回来了，带来了一个菜农，后面还拉着一车土豆和洋葱。老板和舒克一起走过来，没等老板问，彼得开始报告："老板，今天市场上一家卖土豆的也没有，我就了解了一下其他菜的

价格,今天的菜价基本与昨天的相同,洋葱正是收获的季节,价格很低,菜农还担心卖不出去。我了解到这个菜农家里有土豆,他想储存起来过几天再拉到市场上卖,这样会卖到一个很好的价格。我就和他商量,如果我们把他的洋葱也买下的话,可不可以按今天的土豆价格卖给我们一些土豆,菜农同意了,于是我让他把土豆和洋葱都拉过来了。老板,你要觉得合适,我们就把土豆和洋葱都留下,省得再跑一趟了。"

老板和菜农都很高兴地接受了这笔买卖,土豆和洋葱全被买下,菜农高兴地收了钱走了。

舒克什么话也没说,也悄悄地走了。

你知道为什么彼得会被升职了吗?

一、认识职业价值观

职业价值观是指人生目标和人生态度在职业选择方面的具体表现,是一个人对职业的认识和态度以及他对职业目标的追求和向往,是人生观和价值观的具体体现。它是一种具有明确的目的性、自觉性和坚定性的职业选择的态度和行为,对一个人的职业目标和择业动机起着决定性的作用。

二、树立正确的职业价值观

1. 正确的职业价值观

正确的职业价值观主要表现在:为社会做贡献;实现个体人生价值。

考查自己确定的职业价值观是否符合社会需要。具有与社会主流价值观相悖的价值观的人,往往不会有很好的发展;拥有正确的职业价值观的人能为社会做贡献,将正确的职业价值观固定为自己内心的坚定信念,并体现在职业行动中,以实现个人的人生价值。

2. 修正不合理的职业价值观

职业价值观直接驱动着人们的就业选择，如果有的同学以追求名利或追求个人享受为价值取向，那么这种价值观就需要进行修正。正确的职业价值观要从是否能为社会作贡献，能否实现个人的人生价值两个方面进行修正，只有正确的职业价值观才能帮助人们更好地适应社会，并促进个人价值的实现。

三、认识职业意识

职业意识由就业意识和择业意识构成，是指人们对职业的认识、意向及对职业所持的主要观点。可以从人要不要工作、为什么要工作、怎么工作等方面去理解职业意识。它是职业道德、职业操守、职业行为等职业要素的总和。

良好的职业意识会产生如下正面影响：一是可以改变工作的原动力，使人更主动、更努力地去工作；二是可以提高个人绩效，提升个人的业绩；三是可以促进职业生涯的成功。研究表明，成功的职场人士都有一个显著的特点，即拥有良好的职业意识。

四、培养良好的职业意识

1. 建立工作责任意识

在工作中建立责任意识，首先要端正工作态度，克服雇佣心理，以主人翁心态用心工作，把精力和热情倾注到工作当中。以强烈的工作责任感对工作的结果负责，不找任何借口，勇于承担责任，并及时分析错误原因，找出解决问题的办法。

2. 树立职业规范意识

职业规范意识包括：诚实守信，严格履行约定不欺骗；不浮夸、不轻诺，不说与事实不符的话；牢固树立质量意识；遵守单位和行业的规则、规定、标准；培养团队合作意识，团队成员之间要彼此欣赏、尊重、相互信任等。

3. 培养良好的服务意识

培养良好的服务意识，从以下几个方面入手：第一，树立正确的服务观念，清醒地认识到服务工作的意义；第二，热爱自己的本职工作，对企业具有归属感和责任心，有做好工作的主观愿望；第三，尊重、理解客户，热情礼貌待客；第四,不断加强业务学习,掌握服务知识,提高业务技能;第五,善于思考、善于观察,准确读懂客户。

职业锚

职业锚理论（Career Anchor Theory），由著名的职业指导专家埃德加·H.施恩提出。

职业锚，指的是人们选择和发展自己的职业时所围绕的中心，是指当一个人不得不做出选择的时候，他无论如何都不会放弃的职业中的那种至关重要的东西或价值观。它是人们内心深层次价值观、能力和动力的整合体，它体现了"真实的自我"。

职业锚，是自我意向的一个习得部分，是个人进入早期工作情境后，由习得的实际工作经验所决定，与在经验中自省的动机、价值观、才干相符合，达到自我满足和补偿的一种稳定的职业定位。职业锚强调个人能力、动机和价值观三方面的相互作用与整合。职业锚是个人同工作环境互动的产物，在实际工作中可以不断调整。

通过从上内容的学习和体会，请你帮彼得分析一下他成功升职的诀窍在哪里，帮舒克找一找他的工作始终没有起色的原因。

职业篇

项目三　求职不良心理的自我调适

面对求职，你准备好了吗？也许你会担心自己的年纪小，社会经验不足，无法在竞争中胜出，但你还需要知道机会总是垂青有准备的人；也许你会抱怨就业形势严峻，但你更要记得你有一技之长的优势。面对求职，让我们努力克服求职不良心理，充分做好求职准备。

 课前导入

求职"挑挑挑"

又是一年毕业季，学校和用人单位之间为了有更多双向选择的机会，在校内先后召开了三次招聘会。M同学学的是市场营销专业，本应该很好找工作，他的同学们也纷纷到了各个公司就职，可他仍留在学校里等待机会。他求职有这样几个条件：①必须是大公司；②月工资不能低于5000元；③工作不能太累；④每周六、日必须正常休息，加班必须有加班费。他每次向用人单位提出这些条件时，人家只是敷衍地说："你的条件不错，我们公司刚起步，希望你能找到更好的工作。"就这样，M同学一直没有找到工作，他很是着急后悔。

 讨论

① 同学M在应聘过程中哪些地方做得不恰当？为什么只剩下他一人了呢？
② 只要有单位要他，他就去上班，这样的想法对吗？

一、求职不良心理及成因

在求职过程中，一些不良的求职心理会影响求职效果，甚至导致求职失败。下面列举了毕业生常见的十种求职不良心理。

1. 焦虑心理

面对求职，有些毕业生很不自信，总是害怕自己找不到工作，因为压力过大而显得特别焦虑，严重影响个人主观能动性的发挥，出现埋没潜能和才华的情况。

2. 自卑心理

如果学生在求职中屡次失败会产生习得性无助感，很容易产生求职自卑心理。自卑心理导致他们不敢主动向用人单位推荐自己，陷入不战自败的求职困境中。

3. 观望心理

有些毕业生求职动机不足、积极性不高，认为车到山前必有路，得过且过，等待观望，这是一种消极退缩的心理状态。

4. 低就心理

由于期望值偏低，一些毕业生主动回避社会竞争，承认自己技不如人，甘拜下风。这种不求上进的心态是对自己的不负责任，也容易导致求职失败。

5. 自负心理

有些毕业生在求职中挑三拣四，心浮气躁，对自我能力和求职目标缺乏客观认识，往往高估了自己的能力，低估了求职难度和社会竞争的激烈度。

6. 依赖心理

因缺乏独立意识和自主能力，一些毕业生不敢参与社会竞争，一味地等待亲朋好友给自己找路子、想办法，把选择权不负责任地交给他人。

7. 造假心理

有些毕业生求职动机比较强，特别想获得一份好的工作，但无奈在校期间表现不佳，于是便想铤而走险弄虚作假，而用人单位最看重的是一个人的诚信，这样做只会聪明反被聪明误。

8. 攀比心理

有些毕业生找工作时喜欢攀比，当发现在学校表现不如自己的同学找到好的工作，就会特别着急，甚至产生嫉妒心理。其实工作没有好坏之分，适合自己才是最好，三百六十行，行行出状元，攀比心理只能让人误入歧途。

9. 封闭心理

有些毕业生不愿出远门，只愿在本省、本市，甚至是家附近工作。这种心理往往会错失良好的就业机会，同时对个人的成长和发展也是不利的。

10. 从众心理

刚走出校园的毕业生，世界观和人生观还不够成熟，缺乏独立意识和判断能力，在求职择业时往往难以作出理性的选择，很容易产生从众的心理和行为。

耶克斯-多德森定律

心理学家耶克斯和多德森的研究证实，动机强度与工作效率之间并不是线性关系，而是倒U形的曲线关系。具体体现在：动机处于适宜强度时，工作效率最佳；动机强度过低时，缺乏参与活动的积极性，工作效率也会很低；动机强度超过顶峰时，工作效率会随强度增加而不断下降，因为过强的动机使个体处于过度焦虑和紧张的心理状态，干扰记忆、思维等心理过程的正常活动。

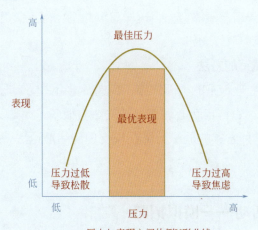

压力与表现之间的倒U形曲线

二、求职不良心理的调适

求职也是我们认识和适应社会的一个过程，这个过程充满了挑战。因此，在求职中遇到困难和挫折，产生心理冲突和困惑都是正常的，关键是我们要学会自我心理调适，积极应对不良心理。

1. 保持适度的求职动机

耶克斯－多德森定律告诉我们，保持适度的动机水平有利于任务的完成。求职动机不足，会导致求职观望心理；求职动机过高，可能导致紧张、焦虑心理。因此，我们要保持适度的求职动机，才能具有良好的求职心态。

2. 设定合理的求职目标

求职过程中，要根据自己的实际情况设定合理的求职目标。求职目标过高，会给自己带来不必要的压力；求职目标过低，自身的成就感不能得到较好地体现。求职目标过高或过低都会让我们错失良好的就业机会。

3. 学会合理归因

求职过程中，学生一定会遇到困难、挫折，甚至不公平的待遇。遇到问题，自怨自艾是没有用的。我们要学会合理归因，保持良好心态。当求职成功时，可以归因于自己能力强或付出了很多的努力，这样有助于保持自信的状态；当求职失败时，可以归因于自己不够努力，这样可以激励自己下次更加努力，而不至于丧失求职信心。

4. 掌握心理调适的方法

面对求职不良心理带来的负面情绪，我们要学会主动调适，必要时还可以向心理老师寻求帮助。进行自我心理调适的方法有很多，比如：积极的自我暗示、合理宣泄情绪、多种方式的放松训练、用合理情绪理论法调整自我认知、适当转移注意力等。

三、团体活动——模拟招聘

主持人：老师

分　　组：每组6人，随机分组。

热身活动：金鸡独立摆造型

① 各小组先选出队长，队长带领大家齐心协力完成任务。

② 设计造型时，要求每个人必须单脚着地，在此基础上进行造型设计。

③ 各小组在展示造型的过程中，要喊出自己队的队名、口号，并摆出标志性动作，整个过程中若双脚着地，则视为犯规。

④ 选出优秀队，成绩排名最后的队伍和犯规的队伍都要接受惩罚，由获胜队提出惩罚办法。

主题活动：模拟招聘

① 每组发一张绘图纸，每人发一张打印纸。

② 在队长的带领下，先分头收集资料，并讨论如何准备应聘（搜集资料可作为课前作业）。

a.面试需要准备的材料；

b.面试的流程；

c.面试的注意事项。

③ 每组选出1名同学担任面试官。每队再选出一名代表，按照本组成员讨论的思路参加面试。面试官要进行点评，其他同学进行观摩学习。

④ 老师进行总结性发言。

⑤ 分享收获：各组学生代表分享活动收获。各队长代表本队分享收获，并作总结性发言。

通过模拟面试现场，你觉得自己在哪方面表现出色，哪方面还有待提高？你准备从哪些方面进行状态调整？

项目四　MBTI职业性格测试，指导职业选择

性格是每个人在对待人或事物的态度和行为方式上表现出来的个性特征。职业性格是指人们在长期特定的职业生活和环境中形成的与职业相关的、稳定的心理特征。

从就业选择的角度看，每一种性格都有其优势，职业选择不是要弥补性格中的劣势，而是要发挥性格中的优势，找到其擅长的领域。

拓展阅读

MBTI 职业性格测试量表

20世纪40年代，美国一位名叫伊莎贝尔·迈尔斯的女士与她的母亲凯瑟琳·布里格斯一道，在研究了荣格的《心理类型》的基础上，于1942年设计出一种用于鉴别不同类型人格的测试表，这个测试表的英文缩写名称为MBTI。之后她又与她的儿子彼得·迈尔斯著有一书《天资差异》，试图阐述不同性格类型的人，在认识问题、思考问题、处理问题、人际交往、与外界沟通等各方面也存在很大的不同。通过几十年的研究，这个理论已广泛应用于团队建设、职业发展、婚姻教育、职业咨询等领域，在美国每年约有300多万人参加MBTI测试和培训。世界上不少知名大企业，如迪斯尼公司、百事可乐公司、西南航空公司、通用电器公司等使用该测试表了解自己的员工，并参考测试结果，把员工安排到更适合他们的岗位上，以发挥他们最大的工作潜能，因为不同的性格类型在工作上会具有不同的优势空间和适宜领域。

一、认识MBTI职业性格测试量表

迈尔斯-布里格斯个性分析指标（Myers-Briggs Type Indicator，MBTI）是用于测量性格类型的自陈量表。此量表以荣格的《心理类型》为理论基础，融合原有分类方式，形成四个维度，即感知维度（感觉vs直觉）、判断维度（思考vs情感）、生活态度维度（判断vs感知）和注意力方向维度（内倾vs外倾）。通过个体在每个维度上的得分来判断其倾向性。

1. 感知维度：感觉与直觉偏好

人们对事物的认识是从感知精神活动过程开始的，感觉和直觉是感知的两种不同方式。

① 感觉型。通过五官来直接意识到事物，是一种直接的感知精神活动的过程。

② 直觉型。通过无意识地综合各种想法和联想，并且无意识地使用这些想法和联想来对外部世界进行感知，是间接的感知精神活动的过程。一般来说，男性表现为"预感"，女性表现为"直觉"。

感觉型的人对五官感知到的事物感兴趣，直觉型的人对事物将带来的可能性和将产生的新事物感兴趣。

2. 判断维度：思考与情感偏好

人们对感知到的事物进行判断的时候会使用不同的方法，有人使用思考方式，有人使用情感方式。

① 思考型。通过逻辑过程，追求非个人臆断的、客观的事实真相。

② 情感型。通过当事人个人的欣赏和领会，对事物寄予个人的和主观的判断。对于情感判断型的人来说，在判断事物时，会把个人的主观感受看得很重要。

思考型的人在自然科学领域会发挥出他的优势，而情感型的人的优势表现在人际交往方面，一般具备很高的觉察他人情绪变化和共情的能力。

3. 生活态度维度：判断与感知偏好

在对待生活的态度方面，有人喜欢对事物进行好与坏、对与错的价值判断，也有人只是喜欢对事物进行事实性陈述。

① 判断型。倾向于利用各种数据、事实等，通过逻辑分析得到对该事物的好与坏、错与对的定论。

② 感知型。倾向于利用周围感知到的信息对事物进行事实性的陈述，而不进行价值判断，所以他们的结论往往是一切皆有可能。

判断型的人逻辑性很强，做事要求严谨，在对待客观事物与规律性的工作中，更容易得到较为真实的结论，也会具有更好的表现。感知型的人则在处理与人文有关的主观事物上，如哲学观点、人际关系、事态发展等方面更为适合。

判断型的人做事井井有条，感知型的人随遇而安。如果一个人能在二者之间做出较为适合的转换，那么他的生活会更加令人满意，而不至于在没有对错的事情上过于较真，或在原则性和规律性很强的事情上又过于随意。

4. 注意力方向维度：内倾与外倾偏好

人与环境互动模式的不同，造就了内倾与外倾两种偏好。总体表现为，人的注意力与能量倾向于自己的内心还是外部环境。

① 内倾型。兴趣在于概念和观点的内部世界，关注观点的感知和判断，在进行大脑内部的工作或进行思考时表现更佳。

② 外倾型。更关注人和事物的外部世界，他们在进行外部工作或使用动作时表现最佳。

内倾型的人表现内敛，会让事物的进展更有计划性，对事物的认识更有深度，擅长处理内部世界的问题。外倾型的人表现外展，会让事物的进展更快，具有更强的灵活性，更擅长处理外部世界的问题。

二、MBTI十六种职业性格类型

将四个维度的八个因子进行组合，得到十六种不同的职业性格类型。

MBTI十六种职业性格类型

		感觉型		直觉型	
		思考型	情感型	情感型	思考型
内倾型	判断型	内倾感觉思考判断型（ISTJ）检查员	内倾感觉情感判断型（ISFJ）照顾者	内倾直觉情感判断型（INFJ）博爱型	内倾直觉思考判断型（INTJ）专家型
	感知型	内倾感觉思考感知型（ISTP）冒险家	内倾感觉情感感知型（ISFP）艺术家	内倾直觉情感感知型（INFP）哲学家	内倾直觉思考感知型（INTP）学者型

续表

		感觉型		直觉型	
		思考型	情感型	情感型	思考型
外倾型	感知型	外倾感觉思考感知型（ESTP）挑战者	外倾感觉情感感知型（ESFP）表演型	外倾直觉情感感知型（ENFP）公关型	外倾直觉思考感知型（ENTP）智多星型
	判断型	外倾感觉思考判断型（ESTJ）管家型	外倾感觉情感判断型（ESFJ）主人型	外倾直觉情感判断型（ENFJ）教导型	外倾直觉思考判断型（ENTJ）统帅型

三、不同性格类型的优势空间

不同性格类型的人使用的思维模式存在不同，或者说，正因为每个人的思维模式不同，才导致了性格的不同，他们在不同的职业领域也会有不同的表现。

① 感觉思考型。他们相信思考，相信因果关系的有条理的逻辑推理，倾向于讲究实际和事实，比如经济、法律、外科、商业、会计、产品生产或涉及机器和物质等的领域，需对事实进行客观的、非个人的分析，在这些领域中，他们更容易获得成功和满足。

② 感觉情感型。主要依赖感官感知事物，依赖情感作出判断，所以他们凭借个人的热情来做决定，因为他们的情感会估量事物对自己和他人的重要性。他们具有较强的社交能力，适合的岗位如儿科、护士、教师（特别是小学教师），或是社会工作、商品销售，及需要笑容的服务工作领域。他们的热情能够更有效地应用在工作环境中，也更容易获得成功和满足。

③ 直觉思考型。他们将直觉和思考共同使用，具有很强的预知事物和判断事物的能力，因为使用的是非个人的客观的分析方法，对事物的判断不夹杂个人情感，所以在自然科学领域、科研领域、发明创造中容易展现出他们独特的魅力。

④ 直觉情感型。他们有个人热情，同时又关注事物的可能性，所以既有热情又有见解。他们通常有语言天赋，在需要有创新精神的工作上更容易获得成功和满足。

⑤ 内倾和外倾偏好。内倾型与外倾型独立于以上四种类型，除了分别具有

以上四种类型的特点外，内倾型的人会让事物进展更有计划性，获得的结果更深邃，而外倾型的人则会让事物进展得更快，获得的结果更有表现力。所以，即便在同一领域，内倾型和外倾型的表现也会有所不同。

在一个企业中，往往有很多部门和岗位，而不同的岗位对员工的职业性格要求肯定会有所差别，而这种差别为不同的性格类型提供了不同的展示空间，所以我们在就业的选择上，既要了解自己的性格特点，也要了解岗位特点，只有这样才能做到真正意义上的"人职匹配"。

四、性格类型与职业匹配

1. 性格类型与职业匹配的相关性

① 性格类型与职业需求之间存在一定的关联性，一方面，不同性格类型的人适应不同的职业环境和要求，不同的职业也需要不同性格的从业者；另一方面，从事某种特定职业的人，也会按照职业的要求不断调整原有的性格特征，以适应特定职业的需要。

② 性格类型与职业优势空间之间存在相关性，但并不存在严格的一一对应关系。不同性格类型的人在同一职业领域中能够各具特色，同一性格的人在不同职业领域中也会各显魅力。

③ 一个人的性格具有相当的稳定性，一般不会在短时间内发生很大的变化，但这并不意味着性格就完全一成不变。人的性格通过行为习惯表现出来，当然也能通过改变行为习惯重新塑造性格。

2. 性格与职业的匹配原则

"人职匹配"有两方向的含义，一是人与职业匹配，二是职业与人匹配，就业选择是双向的，既要人选职业，又要职业选人。所以在了解自己性格特点的基础上，还要深入了解职业岗位的需求和特点。

通过MBTI职业性格测试，会得到个人的性格类型报告，在性格类型报告中，会出现由四个因子组成的性格类型，如：内倾感觉思考判断型、外倾直觉情感感知型等。每一个因子代表不同维度上的性格特点，在职业选择中所说的"人职匹配"就是这些因子与职业特点的匹配。在了解不同职业特点的基础上，性格与职业的匹配原则：

① 完美型。四个因子都匹配，一旦拥有，决不放弃。

② 坚持型。三个因子匹配，很难得，如果遇到困难，坚持到底就是胜利。

③ 尝试型。两个因子匹配，可以尝试一下，如果不能适应，要马上做决定。如果仍然坚持，有可能会失去更多。

④ 放弃型。一个因子匹配或没有因子匹配，坚决放弃。

五、MBTI-M职业性格测试

MBTI-M版职业性格测试量表，于1998年首次问世，蔡华俭等人于2001年对其进行翻译，修订出版中文版MBTI-M量表，该量表具有较高的信效度，是迄今为止国内研究中使用频率最高的MBTI量表版本。

MBTI-M职业性格类型测试

填写指南：
① 请在下列选项中选出最接近你真实倾向的选项。请注意，这里的所有选择没有对与错之分，并且每一个问题都只有A和B两种选择。
② 请仔细阅读题目，但不要在某一道题目上花过多的时间，如果当时不清楚题目意思，可以先跳过去，待会儿再回过头来做。
③ 请尽可能地答完所有问题。把你的答案写到答题纸上。

第一部分：哪一个答案的描述更接近你通常的感受或行为方式？

1. 当你某日想去一个地方，你会_____	□A. 事先计划好了，然后再去	□B. 先去，然后随机应变
2. 如果你是一位老师，你愿教_____	□A. 注重实践的课程	□B. 注重理论的课程
3. 遇到问题时，你通常喜欢_____	□A. 和别人讨论解决方法	□B. 自己想办法解决
4. 对聚会、约会等事，你认为_____	□A. 很早就应该开始做准备	□B. 不必先做准备，去了以后见机行事
5. 你通常和____相处得更好	□A. 喜欢想象的人	□B. 注重现实的人
6. 你更多时候是_____	□A. 让情感驾驭理智	□B. 让理智驾驭情感
7. 当你和一群人在一起时，你常常是更愿意_____	□A. 加入大家的谈话中去	□B. 独自和熟识的人交谈
8. 你做事情最喜欢_____	□A. 按兴致	□B. 按计划
9. 你希望自己被看作是一个_____	□A. 实干家	□B. 发明家

续表

10. 当别人问你一个问题时，你经常会_____	☐ A. 马上就做回答	☐ B. 先在脑子里想一想
11. 你喜欢与_____打交道	☐ A. 常有出人意料想法的人	☐ B. 按照常理行事的人
12. 按日程表办事，_____	☐ A. 正合你意	☐ B. 束缚了你
13. 你觉得别人通常_____	☐ A. 要花很长的时间才能和你相熟	☐ B. 很快就能和你熟识
14. 为"如何过周末"定一个计划_____	☐ A. 是有必要的	☐ B. 完全没必要
15. 下列哪一个评价更适合你_____	☐ A. 性情中人	☐ B. 理智的人
16. 更多的时候，你倾向于_____	☐ A. 独处	☐ B. 同他人在一起
17. 在日常工作中，你更喜欢_____	☐ A. 在时间紧迫的情况下，争分夺秒地工作	☐ B. 提前做好准备，尽早把工作做完
18. 你更愿把_____作为朋友	☐ A. 总能有新想法的人	☐ B. 脚踏实地的人
19. 你是一个_____	☐ A. 兴趣广泛，什么都想尝试的人	☐ B. 专注投入某个兴趣的人
20. 当你有一项特别的工作要做时，你喜欢先_____	☐ A. 察看工作的全貌	☐ B. 找出必须要做的环节
21. 你更接受_____	☐ A. 以情动人	☐ B. 以理服人
22. 当你为了消遣而阅读时，你_____	☐ A. 欣赏作者奇特、独创的表达	☐ B. 喜欢作者直接、明确的表达
23. 新认识你的人_____了解到你的兴趣所在	☐ A. 马上就能	☐ B. 只有真正和你熟悉以后才能
24. 在旅行时，你喜欢_____	☐ A. 随兴致行事	☐ B. 事先知道一天中该做的事
25. 做许多人都做的事时，你喜欢_____	☐ A. 按惯例去做	☐ B. 发明自己的新方法
26. 多数人说你是一个_____	☐ A. 不爱吐露心事的人	☐ B. 非常坦率的人

第二部分：你更容易喜欢或倾向哪一个选择？
注意：这里的倾向不是指你向往得到的，而是指你现在已经具有的。

27	☐ A. 看不见的	☐ B. 看得见的
28	☐ A. 计划	☐ B. 随意
29	☐ A. 温情	☐ B. 坚定
30	☐ A. 事实	☐ B. 想法

续表

31	☐ A. 思维	☐ B. 情感
32	☐ A. 热忱	☐ B. 平静
33	☐ A. 说服	☐ B. 打动
34	☐ A. 陈述	☐ B. 概念
35	☐ A. 分析	☐ B. 同情
36	☐ A. 系统性	☐ B. 随机性
37	☐ A. 敏感	☐ B. 精确
38	☐ A. 缄默	☐ B. 健谈
39	☐ A. 常识性的	☐ B. 理论性的
40	☐ A. 侠肝义胆	☐ B. 深谋远虑
41	☐ A. 正式	☐ B. 非正式
42	☐ A. 沉静	☐ B. 活跃
43	☐ A. 利益	☐ B. 祝福
44	☐ A. 理论性	☐ B. 确定性
45	☐ A. 坚定的	☐ B. 忠诚的
46	☐ A. 理想	☐ B. 现实
47	☐ A. 雄心	☐ B. 柔肠
48	☐ A. 想象中的	☐ B. 事实上的
49	☐ A. 冷静的	☐ B. 激情的
50	☐ A. 制作	☐ B. 创造
51	☐ A. 热情的	☐ B. 中立的
52	☐ A. 明理的	☐ B. 迷人的
53	☐ A. 有同情心	☐ B. 有逻辑头脑
54	☐ A. 生产	☐ B. 设计
55	☐ A. 冲动	☐ B. 抉择
56	☐ A. 公正的	☐ B. 体谅的
57	☐ A. 安静的	☐ B. 爱交际的
58	☐ A. 理性	☐ B. 感性
59	☐ A. 不受限制的	☐ B. 安排好的
60	☐ A. 具体	☐ B. 抽象
61	☐ A. 能干的	☐ B. 细腻的

续表

62	☐ A．开放	☐ B．私密
63	☐ A．建造	☐ B．发明
64	☐ A．有序的	☐ B．随便的
65	☐ A．想象	☐ B．现实
66	☐ A．好胜的	☐ B．好心的
67	☐ A．理论	☐ B．事实
68	☐ A．很少的朋友	☐ B．很多的朋友
69	☐ A．可能	☐ B．确定
70	☐ A．宽容的	☐ B．坚决的
71	☐ A．新异的	☐ B．已知的
72	☐ A．温柔	☐ B．力量
73	☐ A．实用	☐ B．创新

第三部分：哪一个答案的描述更接近你通常的感受或行为方式？

74．和一群人在一起聚会，通常会让你感到_____	☐ A．兴致勃勃	☐ B．筋疲力尽
75．你在做一个决定时，更多地会_____	☐ A．权衡实际的得失	☐ B．考虑其他人的感受
76．通常你更喜欢_____	☐ A．提前安排好该做什么	☐ B．到时候率性而为
77．当你一个人在家时，你_____	☐ A．能够沉静在自己的思维中	☐ B．总觉得应该做点什么事情
78．多数情况下，你_____	☐ A．随兴致做事	☐ B．按日程表做事
79．你通常_____	☐ A．容易和大家打成一片	☐ B．独处的时候更多
80．你做事更倾向于_____	☐ A．等到各方面的信息都全了以后再做计划	☐ B．提前很久就定计划
81．别人_____交上朋友	☐ A．容易和你	☐ B．较难和你
82．你通常喜欢上_____的课程	☐ A．探讨理论和概念	☐ B．列举事实和图表
83．在聚会时，你_____	☐ A．说的时候多	☐ B．听的时候多
84．你觉得自己更倾向于是一个_____	☐ A．随意的人	☐ B．有秩序的人
85．你_____	☐ A．只同那些兴趣相同的人才能长谈	☐ B．只要愿意，和任何人都可以长聊

续表

86. 当你有一个报告需要在一个星期内交出时，你_____	□A. 常留出足够的时间并能提早完成	□B. 常常是在最后一刻及时赶出来
87. 哪一个对你来说是更高的评价_____	□A. 有好胜心的	□B. 有同情心的
88. 你觉得按日程表办事，_____	□A. 虽有必要，但不喜欢	□B. 有帮助的，非常喜欢
89. 你更愿在一个_____的老板手下工作	□A. 态度亲切，但有时会感情用事	□B. 态度严厉，但始终按逻辑办事
90. 在完成一项大任务时，你常常是_____	□A. 边做边考虑下一步	□B. 事先想好每个步骤
91. 在社交场合，你通常觉得_____	□A. 很难和不认识的人进行交谈	□B. 很容易和多数人谈笑风生
92. 你常常是_____	□A. 按已经有效的方法做事	□B. 尝试一下有没有更好的办法
93. 你更喜欢按_____做事情	□A. 当天的感觉	□B. 已订好的日程表

评分规则

① 将方格内画"√"的选项数量进行纵向累加，然后将总数填入下表空格内。

1～15，47～52题	A的个数		外向	E		B的个数		内向	I	
16～24，53～69题	A的个数		实感	S		B的个数		直觉	N	
25～30，70～87题	A的个数		思考	T		B的个数		情感	F	
31～46，88～93题	A的个数		判断	J		B的个数		认知	P	

② 同分处理原则。

假如E=I，请填上I；　　　　假如S=N，请填上N；
假如T=F，请填上F；　　　　假如J=P，请填上P。

你的性格类型				

③ 倾向程度指标。

倾向	轻微	中等	明显	非常明显
	每项总分范围			
E 或 I	11～13	14～16	17～19	20～21
S 或 N	13～15	16～20	21～24	25～26
T 或 F	12～14	15～18	19～22	23～24
J 或 P	11～13	14～16	17～20	21～22

职业选择的一般决策步骤

① 探索阶段。即根据自己的常识、经验和能力及性格特点，收集各种感兴趣的有关职业的基本要求和信息。

② 选择阶段。分析、考虑并初步选择、确定出与自身各种条件相适应的职业或岗位。

③ 成形阶段。在上述基础上进行具体的定向，对选出的几个职业或岗位，比较哪个更符合自己确定的职业生涯方向。

④ 澄清阶段。就是在初步选择的基础上，从多方面自我质疑，最终确定好具体的职业目标。

⑤ 就职阶段。即按照既定职业目标走上工作岗位。

⑥ 矫正阶段。一是如果所选择的职业目标是正确的，那就坚定地走下去，努力做出成绩；二是如果所选择的职业目标出现部分不正确或是完全错误，那就适时地进行更正，重新选择更合适的正确的职业目标。

⑦ 总结提高。在选择职业的道路上，也许在相当长的一个时期会不停地摸索，对与错都要在实际的工作过程中不断地自我总结，积累职场经验，才能真正找到自己的位置，从而让自己的职业人生更精彩。

马上面临职业选择的你，已经做好心理准备了吗？你已经做了哪些准备？从职业篇里你学到了哪些知识？请留下你在校生活中最后一次心灵成长的记录吧。

参考文献

[1] 蔡华俭，朱镜雯，杨治良. 心理类型量表（MBTI）的修订初步. 应用心理学，2001，7（2）：32-37.

[2] 顾雪英，胡媞. MBTI性格类型量表：新近发展及应用. 心理科学进展，2012，20（10）：1700-1708.

[3] 伊莎贝尔·布里格斯·迈尔斯，彼得·迈尔斯著，张荣建译，天资差异. 重庆：重庆出版社，2008.

[4] Myers I B, McCaulley M H, Quenk N L, et al. MBTI® manual for the Global Step I™ and Step II™ assessments. 4th ed. Sunnyvale, CA：The Myers–Briggs Company, 2018.